本著作系2020年河北省社科基金项目—以“课程思政”为引领的合作办学项目人才培养的路径研究（HB20JY054）的结项成果。

新时期课程思政建设与经典案例分析

熊晓轶　王蒙蒙◎著

吉林大学出版社

图书在版编目（CIP）数据

新时期课程思政建设与经典案例分析 / 熊晓铁，王蒙蒙著. -- 长春：吉林大学出版社，2022.2

ISBN 978-7-5692-9937-3

Ⅰ. ①新… Ⅱ. ①熊… ②王… Ⅲ. ①高等学校－思想政治教育－研究－中国 Ⅳ. ① G641

中国版本图书馆 CIP 数据核字 (2022) 第 033362 号

书　　名　新时期课程思政建设与经典案例分析
　　　　　XINSHIQI KECHENG SIZHENG JIANSHE YU JINGDIAN ANLI FENXI
作　　者　熊晓铁　王蒙蒙　著
策划编辑　董贵山
责任编辑　张宏亮
责任校对　殷丽爽
装帧设计　王　斌
出版发行　吉林大学出版社
社　　址　长春市人民大街 4059 号
邮政编码　130021
发行电话　0431-89580028/29/21
网　　址　http:// www. jlup. com. cn
电子邮箱　jldxcbs@ sina. com
印　　刷　天津和萱印刷有限公司
开　　本　787mm × 1092mm　1/16
印　　张　11.65
字　　数　208 千字
版　　次　2022 年 5 月　第 1 版
印　　次　2022 年 5 月　第 1 次
书　　号　ISBN 978-7-5692-9937-3
定　　价　72. 00 元

前　言

近年来，“课程思政”已经成为众多学者、诸多高校研究的热点领域。在2019年学校思想政治理论课教师座谈会上，习近平总书记在2016年12月全国高校思想政治工作会议上重要讲话上提出：要解决好培养什么人、怎样培养人、为谁培养人这个根本问题，高校要坚持把立德树人作为人才培养的中心环节，把思想政治工作贯穿教育教学全过程，实现全员育人、全程育人、全方位育人①。这是习近平总书记第一次针对一门课程所主持的专项会议，凸显了高校作为思想政治教育的主阵地的地位，并对高校思想政治教育提出新目标。要把思想政治理论课办好需要推动各类课程协同育人，需要挖掘、发挥其他各类课程所蕴含的价值引领、道德教育的功能，促进各类课程与思想政治教育融合，努力推进“课程思政”建设，实现高校各类课程与思想政治理论课的协同合力，挖掘其他课程和教学方式中蕴含的思想政治教育资源，实现全员、全程、全方位育人。

本书第一章为课程思政理念的形成与发展，分别介绍了思想政治教育、思政课程和课程思政这三方面的内容；本书第二章为课程思政的深层次解读，主要介绍了课程思政中的“思政元素”、课程思政的内容解读及课程思政的基础；本书第三章为思政课程与“课程思政”协同发展，主要介绍了思政课程与“课程思政”的比较、思政课程与“课程思政”协同发展和思政课程协同“课程思政”育人体系；本书第四章为课程思政课堂教学，主要介绍了课程思政课堂教学设计、程思政教学管理和课程思政专业基础课课堂教学；本书第五章为新时期课程思政建设，主要介绍了两方面的内容，分别是新时期课程思政建设现状分析和新时期课程思政建设实施路径。本书第六章为课程思政案例分析，主要介绍了大学英语课程思政案例教学、高校体育课程思政案例教学、微生物学课程思政案例教学和药理学课程思政案例教学。

① 习近平总书记在2016年12月全国高校思想政治工作会议上重要讲话

在撰写本书的过程中，作者得到了许多专家学者的帮助和指导，参考了大量的学术文献，在此表示真诚的感谢。本书内容系统全面，论述条理清晰、深入浅出，但由于作者水平有限，书中难免会有疏漏之处，希望广大同行及时指正。

作者

2021 年 7 月

目 录

第一章 “课程思政”理念的形成与发展

“课程思政”是为了适应社会主义和新时期发展而提出的综合性教育理念，近年来成为众多专家学者的研究热点，其中对于其内涵的界定也是不尽相同。“课程思政”从字义上看是课程与思想政治教育的有机结合，因此，要对“课程思政”有一个明确的界定，必须先厘清思想政治教育的含义和思政课程的关系，在此基础上再明确“课程思政”的内涵。思想政治教育是为了迎合国家、社会及个人发展的需要。“课程思政”是通过推进全课程育人建设进一步落实立德树人的教育目标，充分尊重各类课程学科特性和教学规律，推进课程教育教学改革，培养高素质综合型人才，在教学内容中融入思想政治教育元素，实现培养德智体美劳全面发展的人的根本目标。

第一节 思想政治教育

一、思想政治教育概述

（一）思想政治教育的概念

基于学术界对其有不同的概念和定义，典型的、比较有代表性的有以下几种。

1. 早期的思想政治教育概念

早期对于思想政治教育的概念，不同的专家学者有不同的论述，但普遍都认为这是一种教育实践活动和社会实践活动。思想政治教育受到社会经济发展、政治制度、文化的制约和影响，是一定的阶级、政党或政治集团为了实现其不同的政治目的，用其政治思想、理论和观点，对人民群众有目的地施加影响，从而转变人们的思想，培养和塑造思想道德素质的工程，这些思想教育、政治教育和道德教育是随着不同的社会发展和时代及人类自身发展要求而不断地发展与进步，从而对人们的行动和社会行为有一定的指导作用。

2. 新时期的思想政治教育概念

关于新时期思想政治教育的定义虽然有细微的差别，但基本理解都是一致的，他们都承认思想政治教育中教育者和受教育者的关系，都是统治阶级有目的进行的政治性教育，只是表述方式稍有不同，语气强烈时则将之称为灌输，语气平缓时则将之称为引导。也有学者持“受政治制约的思想教育和侧重于思想理论方面的政治教育”①的“交叉论”观点，有的学者强调要“遵循人们思想品德形成发展规律”②。还有学者认为思想政治教育就是政治教育。

（二）思想政治教育的特征

1. 导向指引下的整体性与教育教学的层次性统一

导向指引性主要是针对两方面而言。

一是对大学生的个人发展和如何在社会实践中发挥自身作用起到导向指引作用，包括引导学生的思想观念、精神境界朝着全面发展的方向提升，增强学生的精神力量。二是为教学实践活动提供一个客观的标准，对思想政治教育教学的改革发展方向起到指引作用，促进教学理论的创新与发展。导向指引既是促进社会和个人全面发展的要求，也是马克思主义理论与时俱进和教育多样化发展的需要。

思想政治教育是一门兼具系统性、完整性的课程，可将各种性质类型的教育教学因素整合到教学过程中，并引导学生把感性认识或零星观点转化成一个整体的思想政治素质，其最重要的一点就是要使学生对马克思主义理论的价值立场、观点等思想的认识转化为信念，因此在教学过程中一定要重视对整体性的把握，而对思想政治教育教学的构建理应体现整体性这一特征。

思想政治教学是一种思维形成的存在，由不同的要素、层次构成的一个整体结构，其变化发展集中地体现了辩证逻辑整体的运动过程，在过程中不同的要素、层次之间，整体与层次、要素之间，整体与外部事物之间都有着各种联系。思想政治教育教学作为一个学科体系的重要组成部分，必然要求通过思维形式来系统反映其包含的内容，使教育者和受教育者从中获益。思想政治教育教学体系是从

---

① 任艳．新时代高校学生思想政治教育“交叉式”网状模式新探 [J]. 法制与社会 .2020.06:215

② 李文君．遵循大学生成长规律的思想政治教育研究 [D]. 沈阳建筑大学 .2020

本质上揭示了各个范畴之间的运动轨迹和规律。因此，我们不能孤立地研究其具体内容，要从系统到要素和层次，从整体到局部，从全体到单一。

思想政治是一个教育教学的整体系统，其间必然具有教育教学的局部层次。思想政治教育教学体系的划分是依据逻辑思维的组织、推演及运行规律展开的，进而形成了由起点、中心、中项、成效和终点等范畴构成的这一具有逻辑性和科学性且合理有序的范畴体系。高校思想政治教育教学是围绕中心范畴，然后从起点范畴开始，经过中项范畴、成效范畴最后到达终点范畴的动态运动和发展变化的过程。这个过程动态简洁地揭示了高校思想政治教育教学体系中不同要素和层次之间的内在联系及运动变化的本质规律。思想政治教育教学的整体属性决定了其不能为孤立的所反映，只有体系完整、各要素层次分明、合理有序地联系在一起，才能科学地反映思想政治教育教学的本质规律。正是由于高校思想政治教育教学的整体性特征，其结构与层次之间彼此关联、相互作用，一是指系统与要素环节具有稳定的关联性，其范畴体系中的各个具体范畴均有固定的位置和作用等；二是指层次与层次之间具有关联性，即指这一教学内的每一逻辑层次之间都是彼此相连的，具有逻辑规律的关系。正是由于这种系统与要素、层次与层次之间的关联性，使得教育教学体系的结构成形，并具有稳定性。关系是结构得以存在的前提，也是构成系统的基础，而只有系统内要素得以稳定才能形成彼此之间稳定的关系，任何事物的整体性质都是每一部分之间相互依存又相互制约的关系。

在思想政治教育教学体系中整体与任一层次、层次与层次之间都有着相互制约与依存的关系。思想政治教育教学不仅具有导向指引下的整体性特征，而且还具有教育教学过程中的层次性特征，能够把这一系列的动态联结为合理有序、层次结构分明的有机统一整体，从而构成体系。综上，思想政治教育教学具有导向指引下的整体性和教育教学的层次性的特征。

2. 绝对的科学性与相对的利益性统一

思想政治教育教学的科学性在于所概括和反映的内容，即思想政治教育教学的科学性，思想政治教育教学通过教学实践活动使学生形成社会所需要的思想政治道德，培养学生全面发展的综合能力。马克思指出无产阶级社会中，就是要让社会成员的能力得到充分发挥，而思想政治教育就是遵循着这一观念展开其教学活动的，以期通过教学将学生的观念得到最大化的提升。此外，思想政治教学的科学性还体现在其自身具有的客观实在性和规律性。

客观性和科学性构成了思想政治教育教学内容的基本特点。任何历史时期和任一体制下的意识形态教育，基本都客观地反映了其内在的本质和固有的规律。科学性是绝对的，这一教学实践在一定的具体条件下具有相对不变性，保持其相对稳定性。列宁认为，辩证唯物主义强调的是要承认真理的客观性和绝对性，且真理是正确揭露客观物质的本质和规律的，因此，承认这一教学的客观性就是承认了它具有绝对性。而思想政治教育的利益性指根源于其本身具有的阶级性和意识形态性，其具体达成目标和服务的对象是由统治阶级的阶级性质和立场决定的。

思想政治教育教学在课程教学实践的基础上，既包括对原有教学内容的修正，也包括在现有的基础上更新内容，任何事物的产生都摆脱不了现实的因素，范畴也不例外，这一理论体系的构建会被当时的实践所影响，其结构体系是对当前教学实践的总结、归纳和抽象，它的建构被许多条件限制，能对未来的教学实践进行完全准确地判断，故当前的范畴反映的内容是相对的，并不是绝对的。

正如辩证唯物主义观点所强调的，事物在实践中是矛盾的状态，是不断变化发展的，会呈现相互对立、相互依存的状态，且能够辩证转化的，此时对立、彼时统一，这也是事物的一个过渡性和相对性特征。而思想政治教育教学的相对性就是对其教学实践中的基本矛盾运动及转化的反映。因此，思想政治理论课教学之间是能够辩证转化的，具有相对性。

二、思想政治教育的目标

（一）思想素质目标

要坚定贯彻马克思列宁主义、毛泽东思想、邓小平理论“三个代表”重要思想，科学发展观、习近平新时代中国特色社会主义思想，明确辩证唯物主义的思想，树立正确的“三观”，在生活中不断锻炼自己尝试运用马克思主义的理论进行思考和判断；培养集体至上的“三观”，批判享乐主义和拜金主义，明确个人利益要奉献于国家利益的思想，对建设富强祖国充满信心和力量，为祖国燃烧才是青春最好的正途。

（二）道德素质目标

以集体利益为最高荣誉，个人利益要服从于集体利益，坚信团队合作的重要性和必要性；吃苦耐劳、勤俭节约，在生活学习工作中做到艰苦朴素，享乐在后；遵守法律，热爱国家，懂礼貌，讲诚信，为人团结和睦；积极进取，思想要具有正能量，用乐观豁达的心态面对生活，对于事业和学习要充满干劲，秉持着严肃认真的态度，能听取各方的意见和建议，吸取批评中的精华，努力完善自己的道德修养。

（三）政治素质目标

对于我国的国史和国情要了然于胸，对于我国传统文化的优秀之处要加以继承和发扬，不忘初心、坚持共产党的领导，继承先辈的革命斗争精神和传统，坚决维护祖国统一和团结，将祖国的利益和荣誉放在心中首位。具有献身祖国、报效人民的思想觉悟，坚定拥护党的领导和国家的政策方针，做忠诚的爱国主义者。

（四）法纪素质目标

要致力于弘扬全民民主法治的风气，自发学习我国宪法，能够做到正确行使公民权利，维护公民利益，履行公民义务。要从根本上培养高校大学生的法律意识，教导学生做到自我约束、自我管理，能够运用法律武器做出正确的判断和决策。培养学生的勇气和承担挫折的能力，在内遵守校规校纪，在外遵守社会公德和法律法规，自觉主动帮助学校和社会维护正常公共秩序，深刻领悟法治社会的建成需要每个人来努力，要让法治变为信仰融入高校大学生的思想道德教育中去，才能让思想转化为实际行动，让法纪素质教育贯穿始终。

（五）心理素质目标

心理素质是一个人心理过程和心理特征的体现，是衡量每个人在情感、意志、性格、行为等方面的综合标准体系。要培养高校大学生形成坚强、自爱的性格，增强他们的抗打击和受压能力，使其具有比较好的自我调节能力，这将有利于高校大学生未来的工作家庭等，保证他们在遇到挫折时可以不丧失勇气和信心，不断努力去改善困境，拥有良好的心态，从而拥有良好的人生。

三、思想政治教育的教学原则

（一）知行统一

思想政治教育教学不是从各个有关学科拼凑起来的一个集合，它应当有一个自己学科体系。在这个方面，我们优秀传统文化中的教育思想中包含有丰富的案例，可以好好研究。我们要建设自己思想政治教育教学基本体系，建设我们共产党人自己的理学，建设我们共产党人自己的心学。思想政治教育教学就是理学、心学，理学就是指规律之学，心学就是指修养之学，围绕规律之学、修养之学，践行立德树人的职责、根本使命，来完成这个根本任务。马克思主义的认识论中明确要求我们要用理论联系实际的方法去认识客观事物，这既是对客观事物进行正确认识的原则，也是构建任何教学建构都需要遵循的原则。

行动是获得知识的动力，思想政治教育教学作为指导教学实践行动最基本的理论指南，它首先必须是正确的科学的知识，进而又能指导教学。思想政治教育教学与学生的思想行为密切相关，是培养学生的思想道德素质，使学生更好地认识社会主义主流价值观，形成社会所认同的思想政治观念，并用以指导实践，即教学就是转变或提升学生思想的过程，这一过程只有通过学生在认知上的转变和提升才能实现，只有让学生在对正确的思想观念进行了解、学习的基础上，还坚信这一观念的真理性，并用以实践形成知行统一，才能说达到了教学目的，知而不行，那“知”就失去其意义。对于思想政治教育教学来说，这样的教学就是失败的教学。“知”是前提，而“行”是目的，知行统一才能达到用正确的理论指导实践的目的。因此，遵循知行统一原则有助于思想政治教育教学实效性的提高与目标的达成。在研究思想政治教育教学时遵循这一原则可以在研究过程中避免教学中教条化、公式化的倾向，坚持这一原则是正确建构合理的保障，进而使其教学范畴有助于解决“知”与“不知”，“行”与“不行”的矛盾，而这样的才是科学的范畴。在思想政治教育教学中，要使学生对基本理论的形成、发展的过程有基本的了解。因此，要通过对理论产生的背景进行阐述，从而引领学生感受理论的形成、发展的过程。有了这样一个感同身受的接收过程，才能在获得知识之后有一个与“知”相一致的“行”，思想政治教育教学的构建也必须遵循知行统一的原则。

（二）为人民服务与全面发展

①为人民服务思想政治工作具有人民性，思想政治教育教学方向是政，政者正也，要让我们的学生心怀大国，至诚报国。这就是习近平总书记以黄大年同志为榜样，要求三个“学习”中的第一学。政者众人之事也，要让学生学会为人民服务，为老百姓服务。不管是讲什么内容都不能偏离党和国家发展的方向。习近平总书记多次提到要坚持正确的办学方向，要具体化到每一门、每一个学科。②全面发展，从教学的整体性、综合性出发，用运动发展和辩证联系的眼光去进行

思想政治教育教学及其体系的研究，尽可能从多方面、多角度、多侧面、多方位角度对这一问题展开研究分析。我们要用马克思主义对立统一的辩证思维方法去研究范畴与范畴之间、每一组具体范畴内部的辩证关系。因为这一是具有逻辑性的一个系统，其包含的每一组具体范畴都不是独立存在的，它们之间都处于不断变化发展。这也说明了教学实践环节是一个联系、发展的过程，我们建构范畴体系是要重点关注教学实践中各种现象之间的关系，才能从理论层面对教学的发展的不同侧面展开全面地阐述，进而更好地指导教学。

（三）问题导向性

要重视对思想理论领域问题引导，努力排解矛盾的负效果，倡导积极健康的社会心理，坚持思想政治教育教学导向指引性的实践指向。思想政治教育教学的实效问题、质量问题是教学面临的重中之重问题，我们需要根据现实情况，在问题为导向原则的指导下展开本论题的研究。思想政治教育教学是指导教学达到质量标准的重要基础理论性的基本原则。坚持问题意识，在实际的教学工作中要自主自觉去寻找有价值的论题论点，并运用科学的方法展开研究，尤其是对当前学科领域的前沿问题进行探索。

（四）从抽象到具体

思想政治教育教学是一个严密的、科学的理论形态，其发展是辩证运动的，且具有逻辑性，即是要确定教学中各个现象内的所有方面、层次、关系的逻辑性，进而对其内在联系和本质特征进行解释，并把其进行有机融合的一个过程。从抽象上升到具体，是对研究对象展开科学的、辩证的分析探索，从确定起点范畴开始，到终点范畴这一个过程中，每一具体的范畴内容都要经过转化、过渡、前进、上升的过程。

（五）科学性与思想性相结合

①科学性原则，在掌握科学的专业知识技能的基础上，还能树立坚定的马克思主义信仰，并能在实践中熟练地运用这一科学的理论解决问题。在实际教学中，教师要使学生对教学内容达到高质量的理解和掌握，还要让理论内容在学生头脑中发生思想的碰撞，达到科学性与思想性的统一，才能更好地提升教学效果。②思想性原则，在思想观念中，“思是重点，它的表现形式是具体的内容，一是规律，二是伦理，三是法律。它适用于塑造精神、塑造人格、塑造合格的人的。思想政治教育教学不是单纯地只讲知识，首先要明确我们一定要把我们党的理论创新结果介绍给学生、灌输给学生。就是要把我们的学生培养成为会思想的人。

科学性与思想性的统一，可以使思想政治教育教学在保证教学方向正确的基础上使学生能对科学知识进行高质量的领悟，达到教学对象与教学内容、目的的高度融合。科学性与思想性两者是相辅相成的，缺少任何一方面都会使教学效果大打折扣。

四、思想政治教育的基本功能

这个基本功能表现为它对中国特色社会主义思想政治教育教学实践活动的保障功能，还体现在思想政治教育教学实践中的方法功能，同时它对培育大学生马克思主义价值观点、立场、方法、形成社会主义核心价值观，对践行中国理想信念、价值、精神的入脑入心的教学活动有建构功能。

（一）保障功能

1. 师生顺利高效地完成教学任务

思想政治教学作为最基本指导理论之一，其最重要的功能之一就是保障师生顺利高效地完成思政课的教学任务。它能够使教师更加深刻地掌握这项教学实践活动的本质和规律，从而取得良好的教学效果。人们通过对思想政治教育教学展开研究，树立正确的、科学的范畴体系，能对教学实践活动有更深层次的认识，有助于揭示研究对象的本质和规律。学生学习的必修课程在理论特征方面各有不同，特别是“马克思主义基本原理”是站在整体的角度对马克思主义进行的概括凝练，为学生提供了科学方法论与世界观。尽管这些原理内容具备抽象晦涩的特点，但是具有内在逻辑性及突出的教育指导价值，必须得到教师的关注和重视。

2. 大学生树立正确的理想信念

通过思想政治理论课教学可以避免或减少某些学生用个别结论、现象代替或否定马克思主义的价值立场及真理性等。通过思想政治教育，教师用科学的方法向学生讲授思想政治理论这一科学的内容，可以引导学生对科学世界观和方法论的掌握。例如，在“思想道德与法治”课第一章的内容就是要引导学生树立正确的理想信念。人们借助思想政治教育教学对其实践过程中出现的各种现象、问题、关系都统一到一个有机体里，对其进行全面的、整体性的分析阐释，从而更好地认识和把握这一系统。帮助学生树立正确的理想信念是研究范畴的重要作用，构建范畴体系、完善思维形态是教学理论研究的重要任务。通过思想政治教育教学指导教学实践活动，对保障大学生树立正确的理想信念有重要意义。大学生作为青年群体，他们朝气蓬勃、极富激情和理想。大学生还是重要的知识群体，拥有丰富的知识和多元化的能力，在看待事物及解决问题方面有着自身独特的认识。但是，我们也必须认识到，大学生尚未踏入复杂多变的社会，还没有在这一过程当中积累丰富的经验和阅历。与此同时，他们对于社会上的诸多现象存在着很多困惑。特别是在多元价值理念和社会思潮涌入我国之后，给高校学生的学习生活带来了很大的影响，同时也影响着学生的思想认识。当然，让学生提前认识到社会的一些情况是有益的，能够让他们在走出校园后有效应对多个方面的冲击和挑战。而在大学时代这一宝贵的时期，教师要引导学生能够对多元价值观进行对照，从而拥有正确的选择，在困惑当中找到正确的方向，坚定理想与信念。我们不能够要求所有的学生拥有统一化的理想信念，但是能够通过发挥思想政治理论教育的作用，让学生树立差异化层次的理想信念。

3. 提高大学生的思想政治觉悟

思政教育范畴是通过思维逻辑对具体的现象进行抽象化，而其功能则是把抽象的概念具体化，用以指导实践。换句话说，这一教学是从逻辑层面展现了教学过程的系统性和整体性，从而构成教学理论的基础。随着教学方式的不断发展，实践活动内容多样，形式各异。教学作为教学的理性认识和基本理论单元，教学的每一环节产生、变化、发展的基础，对教学中的诸要素的位置、作用都有明确的规定，它对教学的指导作用，是教学效果和目的达成的保障。在思政教育开始前对教师所采用的教学方式方法也具备指导作用，也是教学方向的重要影响因素，保证教学内容和对学生思想的引导方向是正确的，是与马克思主义所提倡的思想、政治、价值观念保持一致性。

（二）方法功能

思政教育是一门对学生传授具体的科学知识的课程，其教学范畴在本质上是体现对教学过程的方法论指导。思想政治教育教学的方法功能主要包括三个层面，首先是思维中的概念辩证法和对客观世界的认知方法；其次是思维的工具和认知客观世界的中介；最后是对现实对象的本质规律和内在关系的摹写和规范，能激发思维的超越，有助于建设高校社会主义精神文明素质基础工程。解决大学生成长过程中各种思想困惑，思想政治教育教学不是简单地对学生进行正面灌输和传播思想理论知识的过程，而是给学生一个正向的引导和解决问题技能的培养，对学生成长过程中遇到的难题困惑给予解答的一个过程。思政教育的特点决定了方法功能的重要性。大学生正处于成长成才的重要时期，其思想价值观念处于成形阶段，学习、生活、社会实践都会给大学生带来各种各样的困惑。只有对学生产生的种种困惑给予积极面对和及时解答，才能真正提高教学的实效性和针对性。面对来自各方面的问题和困惑，思政教育是逻辑的辩证思维，其要求要及时、科学的解答学生产生的困惑。要正确面对问题和困惑，它的产生有助于推动学生积极思考，也有助于推动教学工作的改革发展。教学过程中除了对理论知识进行正面传授的课堂教学，更要重视在传授过程中时刻解答学生在领悟理论知识的过程中产生的困惑，这有助于学生在更深层面认识和把握理论知识。

（三）构建功能

1. 教学体系的重要组成部分

思想政治教育教学对由其研究对象、规律，以及原理等教学理论体系的构建是其发展中的迫切需求，教学范畴体系具有整体性，是连起整个体系的纽结，没有具体内容也就不能谈范畴体系。相反，教学范畴不能脱离理论体系这一整体而存在，反之，只有在一个完整的理论体系中，教学的才具有其实际意义。从整体系统上的角度看，其就是教学规律的体现。思想政治教育教学过程中产生的各种现象之间的内在联系和本质，以及发展创新过程中的辩证关系等都可以通过范畴从不同的侧面进行反映，教学就是系统掌握这一理论体系的主阵地、主渠道。思想政治教育教学是建构其教学理论体系的重要组成部分，为系统掌握中国特色社会主义理论体系奠定基石。

2. 培育和弘扬社会主义核心价值观体系

思想政治教育教学过程需要理论的指导。这一教学的构建状况、发展状况和水平有着密不可分的关系，它是思想政治教育教学规律的展开和体现，可以促进学生树立社会主义核心价值观的决心和自觉性，使这一价值观在教学过程中得到更好的培育与弘扬发展。而学生自觉树立这一价值观的成熟度与对思想政治教育教学展开研究的广度和深度息息相关，其研究直接影响了理论体系的构建，而学生价值观的形成与其对知识理论的认知、坚信有着重要关系，学生对马克思主义理论的认知和认可度越高，那价值观的培育和弘扬工作的完成度也就越高。思想政治教育教学改革发展不断推进，其教学实践活动的形式和内容越来越多元化，教学的针对性和实效性的要求不断提高，并向着更高层次和水平发展。

第二节　思政课程

一、思政课程概念

高校思政课程的概念可以理解为：高校和思政课教师通过课程教学的方式，根据新时期中国特色社会主义所要求的思想、政治观点、道德要求对学生思想道德方面进行相应影响。高校思想政治理论课是面向大学生进行思想政治教育的主阵地，其侧重点在于：一是将思想政治教育的内容编成课程教材；二是通过课堂讲述和课下社会实践的方式对大学生进行思想政治教育。

二、思政课程的功能

思想政治理论课也经常被称作“思政课”，是当前我国高校学生的必修课，也是高等院校开展思想政治工作的重要渠道。具有以下功能。

（一）政治导向功能

思想政治理论课程具有政治课程的性质，也具备政治导向功能。这一功能不仅适应了高校学生的成长规律，也是社会主义大学办学目的的必然要求。一方面，大学阶段的学生正处于政治信念和价值取向形成和夯实的重要时期，这就需要有符合国家意识形态和社会发展要求的政治观点、政治思想和正确价值观对其进行教育和引导，使其形成坚定的政治信念和正确的价值取向；另一方面，通过此课程向高校学生传授马克思主义理论知识，毛泽东思想、邓小平理论“三个代表”重要思想、科学发展观、习近平新时代中国特色社会主义理论思想等，明确辩证唯物主义的思想，宣传中国共产党的光辉历史和优良传统，解读党和国家的路线、方针和政策，培养出以马克思主义为主导的世界观和具有坚定的社会主义政治信念和理想信念的人才。最终使得当代高校学生能够不忘初心、坚持共产党领导，继承先辈的革命斗争精神和传统，坚决维护祖国统一和团结，将祖国的利益和荣誉放在心中首位。具有献身祖国、报效人民的思想觉悟，坚定拥护党的领导和国家的政策方针，做忠诚的爱国主义者

（二）道德培育功能

对高校学生进行道德准则教育和道德价值引导。通过向高校学生灌输道德准则和解析道德问题，让高校学生明确、熟知各种基本道德准则和学会判断何为正确的道德价值标准，何为错误的道德价值；培养高校学生内化于心的道德精神和道德素养，并逐渐使高校学生具备以不变应万变的道德能力。

（三）文化熏陶功能

当前高校学生综合素质的培养和形成必须，建立在拥有坚定的马克思主义信仰和对中国共产党和中华民族历史文化、党和国家的路线、方针和政策及当前世界局势等全面理解的基础之上，这就需要通过思想政治课程学习，夯实高校学生的综合素质、培养其高昂的民族精神、激发其树立高度的社会责任感和较强的历史使命感。

（四）能力培养功能

教育不仅要让高校学生熟练掌握专业科学文化知识和广博的相关知识，还应该着重培养高校学生的综合素质能力。在培养和提升高校学生各方面的能力上，高校思政课程具有其他课程无法比拟的独特优势。如在“马克思主义基本原理概论”课中，通过讲解唯物主义思想，能够帮助高校学生形成科学的世界观和方法论；通过讲授唯物辩证法，形成严密的逻辑思维等。

三、思政课程教学原则

（一）坚持人本原则

坚持人本原则就是坚持贴近主体之一的受教育者群体。大量具有重复性的精准社会调查均证明，现如今我国青年学生的政治素养和思想教育水平总体来说较为良好。他们在日常生活和学习中思想活跃、拥护中国共产党、热爱祖国，在社会和学校的双重影响下成长为对中国道路、理论、制度、文化等方面充满自信的社会中坚力量，并且坚信社会主义现代化伟大蓝图和中华民族伟大复兴的壮阔目标能够实现。可是，在错误思潮意识形态的冲击下，我国部分高校大学生的思想同样也面临着挑战，而且逐渐受到一些拜金主义和民族虚无主义的影响。作为思想政治教育理论传播载体的高校如果不能够深刻认识到贴近青年学生，彻底了解他们的思想变动历程的重要性，那就只能进行“灌输式”的教育。教师应更进一步地与学生沟通交流，运用全新的教育教学方法来去了解青年群体的思想症结、心理诉求，将自己置身于青年学子的群体中去，才能在生活和学习中与他们进行更好的交流和沟通，达到教育双方的相互理解和支持。

（二）坚持实事求是

思想政治教育重点是做人的工作，受家庭、学校和社会等各方面因素的影响，新时代背景下高校大学生的成长发展呈现出崭新的特点，这就要求教育者在教育过程中不能千篇一律、毫无生气，而应切实遵循高校大学生成长规律，时刻关注学生的思想实际和身心特点，注重人性关怀，了解学生的成长需要，并让学生从思想政治教育中有所进步，增强受教获得感。

人民作为社会的主人，其本质是一切社会关系的总和。因此，人民个体所拥有的社会关系，以及社会意识等因素，不仅会对人民思想的变化发展产生影响，而且还会对其起到制约的作用。思想政治教育对于个体与群体的思想转化都要加以重视，并且要重视社会风气及舆论能够起到的作用。这就要求，思想政治教育出发点与立足点一定要是社会发展的实际，以及群众的思想问题现状，不仅应该将人民群众看成是一个整体，在相同的起点上进行教育，而应该对千差万别的人民思想问题深入细致地进行研究，并对其加以有效地解决。这样一来，就能够让理论与实践紧密地联系起来，让思想政治教育本身的针对性，以及有效性得到增强。要想对人民思想发展变化的规律有准确地了解与掌握，那么就只能与实际紧密贴合，做好与之相关的调查研究工作，让思想政治教育的针对性、系统性以及创造性不断得到增强。

（三）强化融会贯通

思想政治教育话语作为一种言语符号，促进学生和教师之间的有效交流与沟通是它最重要的任务，是顺利开展思想政治教育工作必不可少的媒介，高校思想政治工作者善于巧妙艺术地运用思想政治教育话语亦是必需具备的能力。

当下，思想政治理论课面临的一个十分尖锐的问题就是实效性，也就是教学目标要求的实现程度不强，这与思想政治教育话语是密不可分的。首先，思想政治理论话语应当是具有显著时代性的，不同的话语体系体现的是不同的时代特征，因此其话语内容应当在意识形态一元化的基础上被赋予新的时代内涵，长期偏离时代、形式单一不利于新时代背景下高校思想政治工作的开展。其次，思想政治理论课的教材话语惯用严肃的政治话语去表述党的路线、方针、政策，运用深奥的言语去解释晦涩的政治理论，具有极强的政治权威性。但是在思想政治教育过程中，学生更倾向于用大众化、生活化的学习方式和借助日常生活话语来表达自己的思想观念和思路见解。因此，单纯使用控制式、劝说式的方法和文本色彩太过浓厚的教材术语很难激起学生们的兴趣热情、心灵共鸣和价值认同。最后，新媒体时代背景下的高校大学生追求个性化、差异化和独立性，主体意识日趋增强，对于思想政治话语，让他们在客观接受只是基础，但更根本的应是价值认同和信仰性接受。尤其马克思主义理论体系具有丰富的内涵，如果教师在授课过程中话语不经转换，而是照本宣科、原封不动地对学生进行理论灌输或政治宣讲，不仅科学理论的丰富内涵没有得到深入的解读，而且还会引发学生的排斥感和逆反心理，教学效果相应也会下降。为此，新时代下如何契合高校大学生的学习诉求，恰当合理地转变调适话语表达方式，运用学生能听懂听进的、易于接受的话语来表达、传递一些宏大权威的政策、文件、理论话语，将思想政治理论转化为遵循学生成长规律、适应学生发展特点的教学话语，使之成为对学生成长有用的道理已成为提升思想政治理论课实效性的关键之一。高校思想政治教学语言应是面向高校大学生生活实际和内心世界的，并且在关注他们兴趣爱好的同时，也应给予学生一定的空间和更多的话语权以充分表达自己的声音，阐释自己的独特见解和思想理念，只有这样才能让思想政治教学更加有生命力、有意义、有活力。

实干圆梦，实干兴邦，离开了实践，再好的思想政治教育都是“空中楼阁、昙花一现”。就重视实践这一观点，历届国家领导人不厌其烦地多次强调，即使到了今天也仍然大有裨益。思想政治教学应实现理论教学与实践教学相结合，通过课中实践、社会实践等方式提高学生的综合素质。一方面，参加校内外实践可以让学生在奉献社会的过程中认识到自己的价值，在切实的自我体验过程中有所感悟，从而转化为淌进自己血液的道德认知和与之相适应的道德行为。另一方面，参加实践活动可以让学生们看到、了解到很多没有接触过的事物，帮助学生们开阔视野，增强有效解决问题的能力，把在校学习的理论运用到实践中，也能及早发现自己与工作岗位所需的素质之间的差距，及时改进并完善自己。

除此之外，高校大学生在校的主要时间和任务虽然是接受课堂教学，但作为教育者不能局限于书本知识，只关注理论灌输。由于社会环境、校园文化和教师有效引导等因素的影响，学生对于课外甚至校外的活动热情日趋高涨，自身的实践能力也在逐步提升，这都为高校实践教育奠定了很好的基础。因此，在思想政治工作中，教师可以充分利用生活中那些能够引起人感动和思索的事迹，并以此来让学生得到启发。为增强学生的社会责任感，教师还要注重引导学生深入社会、了解社会，根据学生的实践需求组织学生参与活动，实现知行合一。

（四）正确把握思政工作的方向

新时代高校大学生的思想受社会关系和社会环境的影响程度不容小觑，尤其是在自媒体环境下，各种网络信息充斥在高校大学生周围且快速传播，各方面的因素都影响着他们正确价值观的形成，而且人的思想具有可塑性，这就需要我们在发现问题时及时做好思想政治教育工作。但让思想政治教育的内容完全走进学生的头脑中并不是一件容易的事，高校思想政治工作者应从“心”出发，从培养学生政治认同、思想认同和情感认同三个层次推进，由浅入深、逐渐升华，通过培养学生的光荣感和使命感和坚定学生理想信念的方式确保思想政治教育工作方向准确，让学生正得以养成确的思想观念。

五、思政课程体系构建

（一）课程体系内涵

课程体系如果从“体系”的角度直观理解，那么可以认为是课程的系统化存在，对应每一个专业，就是所在专业对“教什么”进行的整体性安排。但教育学界对课程体系的认识相对多元且复杂，教育学界相对具有代表性的定义，是将课程体系和课程结构等而视之，时而混用，认为课程体系也是课程结构。明确和建构完善科学的课程体系是人才培养的前提条件之一。

（二）课程体系的构成及作用

普通高等院校课程体系由目标要素、内容要素和过程要素三大部分构成，其作用也就此被决定。综合来看，首先，课程体系在人才培养方面具有指向性作用。诚如其内涵的目标要素，课程体系关于人才培养目标的设定确定了其培养方向，是各个专业显示区分度的首要标志。以化学教育和化学工程两个专业为例，在人才培养定位上，化学教育侧重大学或者中学师资力量的培养，化学工程则侧重化工类人才队伍的培养，所以，两者的课程体系在培养目标上的差异，就决定了培养方向的差异。其次，课程体系在人才培养方面具有规定性作用。规定性是由指向性衍生而来，方向不一致，培养路径、培养方法、培养内容显然就会有所差别，其中内涵的内容要素特别具有决定性，所以，不同的专业人才是由不同的培养内容决定的。最后，课程体系在人才培养方面也具有引领性作用。课程体系往往先于教学体系设定，也就是说，某一个专业及其相关人才培养的计划一旦制订，必须先规范其课程体系，如果时代变化，而课程体系一成不变，那么就失去了专业人才培养的社会意义，该专业也就走到了被淘汰的边缘。反之，如果课程体系因时而变，顺应社会发展现实，以社会需要作为课程体系优化完善的依据，那么从这个意义上，课程体系就具有引领性作用。

（三）课程体系构建原则

课程体系构建务必遵循几个原则。

①以学生为中心的原则

任何一个专业在设置初衷上都要围绕学生进行建设，培养方案也概不例外，如果培养方案无视学生核心素养的发展和完善，那么就是失败的培养方案。

②坚持实事求是的原则

课程体系是一套复杂的系统，所以培养方案必须坚持实事求是的原则，否则就会损害学生或者教师的利益。

③尊重专业发展规律的原则

虽然课程体系中培养方案会随着社会和时代变化有所调整，但作为核心的规定性要素务必坚持，做到守正创新。

以思政教育专业为例，培养方案中可以添加时代发展需要的内容，也可以根据学院学科教师实际，增减一些课程，但无论怎样，该专业的核心课程不能变，如果变了，专业名称也就变了，培养方向也就变了，这显然有悖于专业开设的初衷。为此，尊重专业发展规律，守住专业的专业性，使其成为有别于其他专业的专业，需要在培养方案上坚持应该坚持的，尊重应该尊重的。

第三节　“课程思政”概述

一、从思政课程到“课程思政”

2005 年，在上海市推行的“学科德育”教学改革中，教育主管部门要求将德育内容和中小学的各门课程相关联，将德育功能的发挥到学校的各类课程当中，同时每位教师承担起德育责任。2010 年，上海市在“整体规划大中小学德育课程”的实践探索中，寻求德育课程一体化设计方案，旨在实现大中小思想政治课程的有效衔接；发挥第一课堂的主渠道作用，第二课堂的文化与实践育人作用、拓展网络教育的运用范围，以及切实提升网络教育的教育内涵；实现学校、家庭和社会“三位一体”的综合育人效应。2014 年上海教育综合改革将大中小幼德育一体化作为重点，将“立德树人”的根本任务嵌入整个教育体系，将思想政治教育渗透到学校教育的全过程，推进构建立体化育人模式，同时与高校全方位、全过程、全员育人的思想政治教育体系建构过程相得益彰，“课程思政”理念逐渐形成。自 2014 年以来，上海高校探索从思政课程到“课程思政”的转变，逐步推进“课程思政”理念的形成与发展，并选取了部分高校进行试点，着力发掘综合素养课和专业课程蕴含的思想政治教育资源。2016 年全国高校思想政治工作会议，习近平总书记在会议上指出：“要用好课堂教学这个主渠道，思想政治理论课要坚持在改进中加强，提升思想政治教育亲和力和针对性，满足学生成长发展需求和期待，其他各门课都要守好一段渠、种好责任田，使各类课程与思想政治理论课同向同行，形成协同效应[①]。”2016 年 12 月 7 日，习近平总书记在全国高校思想政治工作会议的讲话中要求，“办好中国特色社会主义大学，要坚持立德树人，把培育和践行社会主义核心价值观融入教书育人全过程[②]。”

何红娟（2017）[③]、唐海风（2018）[④]、杨涵（2018）[⑤]等学者认为应该主动转变思路，加快“思政课程”向“课程思政”的转化，打破传统思政教育理念，拓展和深化思想政治教育内涵，实现大思政格局。2018 年 1 月 9 日，中央电视台《焦点访谈》节目专题报道了上海外国语大学和上海其他高校开展“课程思政”的情况，引起了全国的关注和热议。习近平总书记的讲话和教育部的要求，明确了开展“课程思政”建设的总体方向和主要任务。2018 年 8 月 29 日，《人民日报》又以“把思政之‘盐’融入教育之‘汤’”为题，专题报道了上海高校开展“课程思政”的情况。中央提出的“课程思政”建设，正是在新时期学习贯彻落实习近平总书记重要讲话精神，充分体现全员、全过程、全方位育人发展理念总要求的大背景下，进一步有效提升高校思想政治教育的针对性和实效性而开展的教育教学改革的产物。

---

① 习近平总书记在 2016 年 12 月 7 日全国高校思想政治工作会议上重要讲话
② 习近平总书记在 2016 年 12 月 7 日全国高校思想政治工作会议上重要讲话
③ 何红娟 .“思政课程”到“课程思政”发展的内在逻辑及建构策略 [J]. 思想政治教育研究 .2017（05）：60
④ 唐海风 . 课程思政：高职专业课教学融入思政元素的路径 [J]. 科技风 .2018.38
⑤ 杨涵 . 从“思政课程”到“课程思政”[J]. 扬州大学学报（高教研究版）.2018.98-104

二、“课程思政”的内涵及其界定

（一）“课程思政”的内涵

结合“课程思政”的政策来源依据与政策社会需求、时代背景，我们应运用马克思主义理论和方法，紧扣高等院校立德树人根本任务，紧密结合立德树人思想所包含的政治方向与社会主义事业接班人的培养目标，在确立这一根本性、方向性的重要前提后，得出“课程思政”在新时期的特定、本质的内涵。我们将“课程思政”的内涵定义为:“课程思政”就是高等院校为了切实贯彻立德树人根本任务，以实现培养社会主义建设者和接班人的根本目标，在对学生传授学科专业知识的同时，广泛开展以拥护中国共产党的领导为核心的政治认同教育，为学生建构一个与思政理论课同向同行的课程环境。

具体展开则体现在如下两个方面：其一，从课程内容来看，要充分结合各类专业课程和思政课程的知识内容及附带的教育教学资源，并进行深入挖掘，加强课程内容丰富化、通俗化、可视化的建设；其二，从建设主体来看，主要是高校一线教师，他们处于“课程思政”建设的“前沿阵地”，需要帮助其转变思想观念，牢牢树立“课程思政”建设的信念，加强教师德育思政方面的教育培训，提升其政治素养，培养教学能力，加强不同专业课程之间的协同效应。

面对高等院校全员全过程、全方位、育人战略要求的提出和实行思政教育过程中面临的现实性难题，“课程思政”作为新的思政教育理念成为高等院校教师和学者关注和研究的重点。

（二）“课程思政”的内涵界定

“课程思政”是一个政策概念，“课程思政”是面对人才培养新形势提出的关于课程教学的新要求、新方向，并具体为一系列新政策。对“课程思政”的本质内涵挖掘要做到“知其然，必知其所以然”，因此开展“课程思政”内涵界定就要从事物的产生源头也就是“课程思政”的政策来源进行政策文本分析和政策背景分析，从而把握内涵的准确性、方向性及时代性。

1.“课程思政”政策文本分析

“课程思政”从字面上来看，“课程”即所有课程，“思政”即思想政治。对课程载体的认识相对易于形成一致理解,但在理论和实践中,对于“思政”的属性、价值和内涵的理解则各有不同。所以非常有必要将“课程思政”生成的直接政策文本作为理论来源，通过回归本源来分析国家政策制定的依据和意图，从而确定这一政策概念的内涵实质。

（1）“课程思政”属于教学行为

高校课堂教学改革的实施目标是开展“课程思政”，“课程思政”在行为性质上属于一种“课堂教学改革”行为。因此“课程思政”的行为实质有别于高校长期以来实施的“大学生思想政治教育”的，“课程思政”属于教书育人结为一体的教学工作范畴，是教学行为。而传统的高校学工系统、团学系统开展的大学生思想政治教育、学生教育管理等是教育行为，但不属于教学行为或教学改革行为。“课程思政”是使思想政治工作回归于课堂教学中，“课程思政”就是课堂教学中开展思想政治工作的教学行为，落脚点在于“教学”。

（2）“课程思政”培养目标与思政课程一致

这二者的培养目标皆是培养社会主义建设者和接班人。“使各类课程与思想政治理论课同向同行”更是在政策文本层面直接表达了“课程思政”的实施方向，就是思想政治理论课的教学、价值方向。“课程思政”的育人方向和思想政治理论课的培养目标是一致的，“课程思政”是以立德树人为根本任务，与思想政治理论课协同育人，实现社会主义建设者和接班人培养目标的教学行为。

2.“课程思政”政策社会背景分析

“课程思政”作为我国高等教育改革和发展的一项具体政策，必然有其独特的社会需求背景和人才培养的时代特征。因此，对于理论研究来说，“课程思政”内涵在建构过程中一方面要依据政策文本，另一方面也应避免“本本主义”，根据新时期发展趋势和社会特点，通过政策需求和政策产生时的形势研判来把握住其本质内涵的深入、科学和全面。

（1）立德树人之“德”是指对党的政治认同

“课程思政”教学改革主要是服务于高等教育立德树人这一根本任务，通过政策文本来分析得出立德树人所树立的“人”的是社会主义建设者和接班人。而“接班人”在新的历史时期所应秉持的“德”的属性，则需要通过对“课程思政”提出的特定社会背景和时代背景来分析和把握。一直以来，中国共产党始终强调教育应树立“大德”的问题。1938 年在抗日军政大学，当时毛泽东提出了“学生首先要学一个政治方向”，围绕着当时的社会形势提出了革命和建设的“大德”要求，也就是人才培养的政治方向问题。当前也不例外，在国际竞争愈发激烈、全球范围内的人才流动呈扩大趋势的今天，仅依靠“公德”和“私德”教育难以在国与国之间的人才竞争中争取到、挽留住有用人才，这也是新时期提出高等教育“为谁培养人"这一命题的症结所在。因此，高等教育立德树人根本任务首先要抓牢"大德"的基础方向和关键地位，立志于培养政治理想坚定、拥护社会主义道路和中国共产党的方针政策的建设者和接班人。

"课程思政"作为这一任务的直接教学承载，教师在课堂教学中与相应知识点所结合的"德"应体现"大德"，坚持将"大德"作为"公德"和"私德"的统帅，明确"课程思政"教学的道德教育应是以拥护社会主义道路、支持社会主义建设的政治方向。

（2）"课程思政"的核心任务是培养大学生成为共产党领导的坚定支持者

我国是中国共产党领导的社会主义国家，必须重视培养社会主义的建设者和接班人，重视培养立志于投身建设社会主义事业的有用之才，实现培养社会主义建设者和接班人根本任务的第一要求就是拥护中国共产党的领导。社会的团结稳定需要一个强有力的政党对社会进行有效的整合，是历史也是人民群众选择了中国共产党，共产党的地位具有天然的合法性和时代的必要性。因此，"课程思政"所坚持的核心价值就是培养和巩固大学生群体的政治认同尤其是政党认同，使大学生群体成为共产党领导的坚定支持者。

（三）"课程思政"内涵界定的意义

1. 明确了"思政"的内容和目标价值

实施"课程思政"的过程中，不是不可以在课堂教学中继续开展一般道德层面的德育教育，但重点要强调当前高等教育立德树人的根本任务所体现的坚决拥护党的领导、培养社会主义事业接班人的政治目标，与"课程德育"理念有着本质上的区别的。高等教育立德树人之"德"主要是围绕大学生的政治方向培养，而德育指的是一般意义上的个人道德、职业道德、社会公德等。也就是公德和私德是针对全体国民的共同倡导和一般道德要求。而"课程思政"所体现的立德树人为"大德"，是建立在公德和私德基础上的，无论是职业院校的应用型人才还是普通本科院校的专业人才，无论是专科生、本科生还是研究生，都必须所具备的政治方向、政治品德，这就是"课程思政"的本质内容和价值意义。

2. 对高校教师的思想政治水平提出了新要求

在高等教育现实环境中，师德师风一般就是指教师的职业道德、个人品德，传统意义上的师德只强调公德和私德。特别是一些高校、一些行业应用性较强的专业，一部分教师直接来源于社会从业者，比如医学类、艺术类等专业；还有很多高校的教师都有出国学习、从业的经历。这部分缺少教学经验、教师职业培训不到位、对教师职责理解不到位等导致了教育教学过程中，部分教师认为只要不产生教学事故，把专业知识讲解清楚，课堂内外都注意教师形象，守住师德底线，就是“课程思政”教学的落实。就是认为不违法、不违规、不违背基本道德就是良好的师德师风，也有高校的教学管理者认为教师只要把课上好，就是在落实“课程思政”。通过对“课程思政”内涵的深入分析，即强调课程教学中应贯穿的政治认同教育功能，我们就必须始终坚持教师要将“教书与育人”双向结合。要求教师不仅要把课上好、把书教好，更要体现知识传授与知识运用方向的统一。教师要在履行和维护师德师风的前提下，加强对政治理论的学习和对“课程思政”的培训，坚持对党的领导、政治道路与政治体制真学、真懂、真信，从而身体力行、潜移默化地影响学生，实现“课程思政”的“思政”隐性教育，真正做到“润物无声”。

第二章 “课程思政”的深层次解读

第一节 “课程思政”中的“思政元素”

一、思政元素的内涵

蕴含在大量专业知识中的思政元素广泛而零散，形式各不相同、内容丰富多维，在“课程思政”的推进过程中，有必要从基因追溯、观点提取、理念总结、意蕴分析、内涵获取等多方面进行综合处理。运用辩证思维从大量资源中勘察、挖掘、梳理出与课程教学相匹配的育人要素，首先要准确判断出什么是“课程思政”中的“思政元素”。思政元素在价值归属和功能导向上，与社会主义大学的根本任务相匹配，与培养德智体美劳全面发展的社会主义建设者和接班人这一目标高度一致。所以，高校“课程思政”中思政元素的实质就是立德树人资源，这些资源的核心是价值引领、目的是育人成才、形式是显隐兼备。

首先，思政元素在本质上应该是高等教育立德树人思维理念之下的精神价值和文化基因，马克思曾说“研究必须充分地占有材料，分析和它的各种发展形势，探寻[①]这些形式的内在联系[②]。”所以，以精神价值和文化基因模式存在的思政元素并非是狭隘意义上的几个故事或是若干政策，也不是简单的情绪调动或碎片教条，更不是生拉硬靠或刻意为之，而是要在庞大的教育体系中找到教书与育人之间的内在关联。思想政治工作贯穿教育教学全过程，实现全程育人、全方位育人，

① 马克思．资本论 [M].1867

② 原文：研究必须充分地占有材料，分析它的各种发展形式，探寻这些形式的内在联系

就是要在所有课程教学中“润物细无声”地挖掘出与立德树人相关的思想价值与精神内涵。思政元素的梳理挖掘应该是在大思政、大德育的视野之下，以“立德树人”作为教育的综合目标，在各类专业知识理论中摘取、凝练、抽象、升华、萃取出的具有正面价值引导作用的教育资源。

其次，思政元素的核心在“思想”，定位在“政治”，根本在“育人”。一方面，思政元素是有精神内蕴和文化属性的思想性教育元素，必须具有一定的思想内涵，必须承载着共产主义理想信念的根本价值和中华优秀传统文化的品格基因；另一方面，思政元素是有明确意识形态属性和政治属性的教育元素，在人类社会一般意义和道德范畴的真善美诉求之外，更应当以理想信念为核心，以爱党、爱国、爱社会主义、爱人民、爱集体为主线；再一方面，思政元素是有品格涵养和人才培养诉求的育人性教育元素，“追寻教育的本质就会发现，魂育与才育从来都是统一的，魂育是思想统领，才育是能力支撑，魂育在才育中融入深化，才育在魂育引领下充分发挥。①”所以，高等学校人才培养应是育人和育才相统一的过程，发挥大学知识培养及思想政治教育双重功能，把“立德”“育人”放在教学顶层设计，这既是推行“课程思政”的初始目的，也是思政元素挖掘梳理的核心要义。因此，思政元素应该是同时满足“思想性”“政治性”和“育人性”的具有复合特质的教育资源。

最后，思政元素并没有固定的形式模板，它有可能是显性存在的，也有可能是隐性内蕴的，它与专业课程的匹配度来自价值引导、人文情怀和基本原理的契合对接。专业课程中围绕政治认同、家国情怀、文化素养、宪法法治意识、道德修养等方向所挖掘梳理出的思政元素，有的可以在课堂上“言传”，但更多的思政元素非常隐性地蕴含在任课教师的“身教”之中，如个人魅力、语言艺术、人生情怀等，这些都需要通过专业育人目标和铸魂育人目标的内在匹配方可实现；有的思政元素是以明确的专业背景故事、职业发展历程为呈现形式，但也有大量的思政元素无法从专业教育中抽象地剥离出来，而是融入专业教育本身价值属性之中，在知识传授和理念培育的同行同向中予以传递。因此，思政元素的挖掘可以依据专业特色形成通用性质的案例库和模板，但是在具体的梳理挖掘过程中，更为精细的价值引导和生命塑造还是要依赖每个教师的个体素养和隐性培育。

高校“课程思政”中的思政元素挖掘梳理过程其实就是专业知识教育过程中真理与价值的统一过程，是为真理传递价值追求、为价值追求夯实真理底色，挖

① 李忠军．当代中国铸魂育人问题论析 [J]. 社会科学战线 .2016（06）：53

掘梳理的关键点就在于深挖专业课程教学中的德育内容和德育元素，把专业课程作为价值与科学连接的精神中介，把立德树人融入教书育人全过程。

二、“思政元素”的挖掘梳理应遵循的原则

首先，思政元素的挖掘梳理是对真理和价值展开观察、反思和揭示，是“合规律性的”的实践活动。思政元素的挖掘梳理应该遵循从具体事件中提纯出本质根源，从客观材料中凝练出内涵逻辑，从直观感知中抽象出辩证思维，从经验表象中总结出矛盾关联，从印象认知中升华意志情怀的基本逻辑。《高等学校“课程思政”建设指导纲要》对思政元素的范畴已经给出了较为明确的界定，但是专业课程的教材所呈现出来的直观样态是科学知识体系，受版面、逻辑及专业性等客观要求，除个别人文社会科学专业，绝大部分的专业课本中不会、也很难直接写明哪里体现了政治认同、哪里是在进行社会主义核心价值观引导。也就是说，专业课程教学中并不会有现成的思政元素可套用，思政元素的挖掘梳理是一个提纯凝练、抽象、总结、升华的有机过程，是从具体化到抽象再到具体化，从专业知识点到元素挖掘再到课堂融入，而不是仅从抽象理念到具体化案例。

因此，思政元素的挖掘梳理应该遵循适时、适度、适当的基本原则。适时是指应提升元素挖掘的敏锐度，注重思政元素挖掘的时效性，如医学生可以契合疫情防控进行职业理想教育，体育特长生可以契合特殊赛事进行国家和集体荣誉教育等；适度是指思政元素的挖掘应该契合教育内容之间的差异化，有效把握教育内容的扩展衍生张力，避免“无中生有”“生拉硬拽”或“夸大其词”“上纲上线”；适当是指思政元素的挖掘应当找准思政元素的提炼点和升华点，结合专业特点和育人目标进行教育引导，避免漫无目的空谈或“张冠李戴”“避重就轻”的乱谈。

其次，思政元素的挖掘梳理是精细目标、整合力量的协同运动，是“合目的性的”的实践活动。思政元素的挖掘应该在熟悉理解该课程的学科属性、历史脉络、教学体系的基础上，把“立德树人”根本要求融入不同专业、不同规格人才培养的具体实践中，根据育人目标的具体要求和差异特色，有序开展“课程思政”建设。思政元素的挖掘以价值塑造、知识传授和能力培养三者统一为教育目标，它既不是思政课教师挖掘出来直接提供给专业课教师，也不是专业课教师“闭门造车”徒手打造，思政元素的挖掘梳理过程本质上既是真理与价值的融合，也是思政课教师与专业课教师的协同。中国素来就有“协和万方”的治理传统，也有学者多次表达过要多途径、多方式、多部门配合以更好地开展思想政治教育工作。

再次，思政元素的挖掘梳理是对教育内容的深度拓展和广度延伸，是“抬价值的”的实践活动。专业知识和思政元素是真理与价值的统一体，是对一个对象的二维解读，而非对两个对象的生硬关联。所谓思政元素“融入”“嵌入”并不是将思政课中的话语、范式移植到专业课中，或是到了某个教学节点，象征性的“拔个商”“戴个帽”，更不是赋予课程新的功能。事实上，各门课程发挥育人功能只是从应然到实然的一个转变过程。思政元素的挖掘梳理，并非是要在专业知识传授中创造出什么新的事物、新的思想，或者把两个不同的客体进行嫁接，而是要在专业知识本身就蕴含的真理性中，梳理凝练出除了科学知识、文本理论、数据概念之外的价值基因和文化底蕴，这个基因与底蕴是伴随着专业知识的产生而产生、发展而发展的，只讲知识不谈精神、只说理论不查历史、只重分数不看素养，是在割裂教育内容本身的丰富性，这绝非社会主义大学教育的价值追求——时代新人的培育。要着力于德智体美劳全面发展这一目标落实到“课程思政”上，就应该将思政元素和专业知识之间的内蕴动力和逻辑关联进行有机统一。

三、“思政元素”的挖掘路径

各类课程和教学方式中蕴含的思想政治教育资源基数巨大、样态万千，全面梳理专业课教学内容，深入挖掘思政元素，可以从横、纵、立三个路径展开：横向上根据教育内容，结合原理哲思、理想信念、思想认同、人格养成、经验教训的不同特质进行分类挖掘；纵向上根据精神世界的基本结构，遵循大学生思维意识结构和思想品德发展规律进行分层挖掘；立体上综合横、纵两方面路径，深入梳理专业课教学内容，结合不同专业特点、思维方法和价值理念分专业进行挖掘梳理。

首先，思政元素的分类挖掘。恩格斯指出：“任何意识形态一经产生，就同现有的观念材料相结合而发展起来，并对这些材料作进一步地加工。”蕴含在各类专业知识中的思政元素，就是与各类知识理念相结合的意识形态，而在“课程思政”中思政元素被挖掘梳理，从而成为引导与铸育人们思想灵魂的教育内容，其实就是“再加工”的过程。因此，思政元素的分类挖掘梳理应该将结合了课程性质、学科背景、教学内容中内蕴的意识形态内容分类提炼出来。当然，这里的提炼、梳理、挖掘并不是与专业知识的“剥离”，而是对蕴含着科学文化底色的思政基因进行提纯，如果某一个价值观，没有专业知识的浸染，是空洞无根的，而经过浸染后的分类、提纯再加工，则是对教育内容融会贯通后的分类、细化与推进。

其次，思政元素的分层挖掘。马克思主义认为，不同历史时代的理论思维有不同的形式，也有不同的内容，而作为逻辑思维的主体——人类，在把握世界的时候，其概念框架结构也是非常复杂的。人类世界用以把握世界的概念框架，大体上可以分为：常识的、科学的和哲学的三个层次。其中常识通常构架于经验直观，科学通常构架于观念思维，而哲学通常构架于抽象意义。基于此，人类的思维层次也可以被划分为经验层次、观念层次和意义层次。

遵循大学生思想品德发展规律及人的精神世界结构，挖掘经验层次的思政要素：基于日常生活中通过经验直观所培育出的、具有普遍性的生活模式，如新时代青年基本的是非判断标准、被社会大众所认可和遵守的公序良俗和道德规范、集体归属感、在相关领域不断精进的专业热情、休戚与共的社会关怀与参与度等。挖掘观念层次的思政要素：基于较为深入地了解、学习而获得的思维方式和理性认知，如社会主义核心价值观认同、法治观念意识、中华优秀传统文化传承等；挖掘意义层次的思政要素：基于反思超越而塑造的信念信仰，如成长成才的理想信念、中华民族伟大复兴梦、个人与社会发展使命责任、改造世界造福人类的远大抱负等。

最后，思政元素的分专业挖掘。文学、历史学、哲学类专业以研究人类社会和文化思维为主要任务，这些学科“课程思政”元素的主线应立足人文社会科学兼容并蓄和厚重内敛的特质，围绕文化底蕴的人格滋养和基本立场的稳定予以展开；经济学、管理学、法学类专业以服务、治理社会生活为主要任务，这些学科“课程思政”元素的主线应立足通达睿智、理性科学的特质，围绕经世济民和服务社会的价值塑造和理想培育予以展开；教育学类专业以教书育人、培育英才为主要任务，这类学科“课程思政”元素的主线应围绕立德树人和铸魂育人根本使命的达成予以展开；理学、工学类专业以科技强国、笃行创新为主要任务，这些学科“课程思政”元素的主线应立足刻苦钻研、甘于寂寞的特质，围绕追求真理、科技报国的家国情怀和使命担当培养予以展开；农学类专业以持续发展、科技增产为主要任务，这类学科“课程思政”元素的主线应立足造福人类、高产的特质，围绕生态文明理念树立和强农兴农理想的培养予以展开；医学类专业以救死扶伤、妙手仁心为主要任务，这类学科“课程思政”元素的主线应立足精进业务、净化品德的特质，围绕精湛医术和医德医风的统一教育予以展开；艺术学类专业以文化涵养和文明传播为主要任务，这类学科“课程思政”元素的主线应立足强化美育、传播美好，围绕积极弘扬中华美育精神和正确艺术观创作观培育予以展开。只有深刻探析思政元素的本质内涵、思政元素真理性与价值性的有机统一，以及思政元素梳理挖掘的基本路径，从根本上破解“两层皮”和“机械化”的现实困境，“课程思政”的价值诉求方可达成。

第二节 “课程思政”内容解读

一、“课程思政”的根本任务是立德树人

在传统语汇中，“立德”和“树人”是分称的，各有其意。“立德树人”成为一个重要“论域”，则以2007年8月31日胡锦涛同志在全国优秀教师代表座谈会上的讲话为标志。党的十八大将“立德树人”正式确立为教育的根本任务。很长一段时间，学界基本达成这样一种共识：立德树人是一个德育命题，强调育人必须坚持德育为先。这虽有一定道理，但也值得商榷。立德树人强调德育，但是强调德育并不等于立德树人，前者充其量只对应“立德”的概念，而无法囊括“树人”之意涵。所谓“立德树人”，“立德”是树立德业，“树人”指培养人才。前者“强调的是人之为人的根本”，后者“强调的是人才培养目标的全面性”。“立德树人”思想中的“强调德育”是与全面树人理念相联系的，是“在德育为先前提下的全面树人以及全面树人基础上的德育为先”。从“立德”“树人”的原意（尤其是后者）中即不难看出“立德树人”的意蕴之广——不仅关乎德育，还包括体、智、劳、美等诸育，力求培养德才兼备、和谐发展之人，这也正是““课程思政””的根本旨归所在。

统而观之，人才培养是一个育人育才协同并进、不可偏废的过程。其中，育人是育才的前提条件和必要基础，有德无才至多培养“半成品”“残次品”，有才无德却可能造就“危险品”；育才是育人的继续深化和必然要求，“有德而无才者虽不能造福一方，但总能行走于世”，但若只求成人不求成才，国家建设、社会发展和民族复兴也就无从谈起。因此，必须实现育人育才的“共赢”，使我们的社会主义大学所培养的是真正的“人才”——既非钱理群教授所评判的“精致的利己主义者”，也非威廉·德雷谢维奇笔下“常青藤的绵羊”，更不是梁思成先生口中的“半面人”或“半个人”，即“只懂技术而灵魂苍白的空心人”或“不懂技术而侈谈人文的边缘人”。这就要求““课程思政””一方面应当实现对于专业课、综合素养课等非思政课程的思想政治价值引领；另一方面，也要使专业课、综合素养课等非思政课程积极为思想政治理论课提供学术资源和学科支撑，尽可

能地让所有课程都能达到教书育人的统一，使学生都能结合自身条件实现德才兼备、和谐发展的终极愿景。

党的十八大以来，习近平总书记关于立德树人、思想道德建设、社会主义核心价值观培育等系列讲话中，提出了一系列紧扣时代主题的新观点、新思想、新论述，发展了高校立德树人的内涵，明确了立德树人的要求。2016 年 12 月 7 日至 8 日，在北京召开了全国高校思想政治工作会议，这是在新形势下中央召开的首次关于全国高校思想政治工作的会议，在中国高等教育事业发展史上具有里程碑的意义。会议上也提出了“把思想政治工作贯穿教育教学全过程，实现全程育人、全方位育人”，教育引导学生形成“四个正确认识”，做好高校思想政治工作的“三个要求”和“三个规律”，推动高校思想政治工作改革创新的“四个方面”等重要内容，为高校落实立德树人根本任务指明了方向、明确了内容、提供了路径。

党的十九大又作出“中国特色社会主义进入新时代”的重大判断，这一重大判断赋予高校思想政治工作的理论遵循、目标任务、内容形式及新的时代内涵，为推动高校思想政治工作创新发展、科学发展提供了时代坐标和科学依据。2018 年 9 月 10 日，全国教育大会在北京召开，这是一次具有里程碑意义的大会。在会上，习近平总书记对于建设教育强国提出了一系列新思想、新观点和新要求，在多个维度上阐释了“立德树人”的重要意义、具体方法和价值导向。大会指出“坚持把立德树人作为根本任务”“我们的教育必须把培养社会主义建设者和接班人作为根本任务，培养一代又一代拥护中国共产党领导和我国社会主义制度、立志为中国特色社会主义奋斗终生的有用人才。”“把立德树人融入思想道德教育、文化知识教育、社会实践教育各环节，贯穿基础教育、职业教育、高等教育各领域，学科体系、教学体系、教材体系、管理体系要围绕这个目标来设计，教师要围绕这个目标来教，学生要围绕这个目标来学。凡是不利于实现这个目标的做法都要坚决改过来。[①]”“要深化教育体制改革，健全立德树人落实机制，扭转不科学的教育评价导向”等这些重要论述蕴含着两方面意蕴，一方面，将“社会主义建设者和接班人”作为“培养什么人”总体规格的回答，并且进一步阐释了“社会主义建设者和接班人”在思想意识方面的关键特征，即拥护中国共产党领导和我国社会主义制度、立志为中国特色社会主义奋斗终生的有用人才。[②]”另一方面，再一次确定了立德树人要融入各个环节，贯穿各个领域，要作为衡量高校办学的标尺，要成为教育评价的导向，健全立德树人的落实机制成为重要课题。与此同时，

① 习近平总书记在 2018 年 9 月 10 日全国教育大会上的重要讲话
② 习近平总书记在 2018 年 9 月 10 日全国教育大会上的重要讲话

在这次大会上提出了“德智体美劳全面发展”，是党和国家对于新时代人才培养以劳育德、以劳增智的新要求，体现了其育人价值和社会价值，与“四育”产生了深刻的内在联系，共同指向社会主义建设者和接班人的培养问题，使得高校立德树人内涵与意蕴得到了更为深远和丰富的发展。

以立德树人的目标引导“课程思政”育人共同体，统一思想认识，形成育人意识，达成价值认同。以协同的体制机制构建“课程思政”育人共同体，坚持党的领导，形成各部门齐抓共管的育人格局。以系统的制度体系固化“课程思政”育人共同体，通过建立健全责任制度，把各项任务落实到个人，形成严格的责任链条；激励全体教职工积极主动承担育人职责；完善各项保障制度，以推动“课程思政”工作深远持久地进行，强化“课程思政”育人工作效应和意识，保障“课程思政”工作行稳致远。

习近平总书记在同各界优秀青年代表座谈时的讲话中指出:“青年兴则国家兴，青年强则国家强。青年一代有理想、有本领、有担当，国家就有前途，民族就有希望。中国梦是历史的、现实的，也是未来的；是我们这一代的，更是青年一代的。中华民族伟大复兴的中国梦终将在一代代青年的接力奋斗中变为现实。①”这是我们党对时代新人的定位与期待，亦是对高等院校在时代新人培养方面的要求与嘱托。习近平总书记在全国高校思想政治工作会议上强调，“要坚持把立德树人作为教育教学中心环节，把思想政治工作贯穿教育教学全过程，实现全员育人、全程育人和全方位育人”②。

“课程思政”以思政课程的天然价值引领为起点，与高等院校开设的专业课程相互协同，聚焦时代新人培养目标，形成系统性合力。在立德树人培养过程中，“课程思政”建设具有多元功能，这是因为“课程思政”与时代新人的天然特质具有内在契合性，在时代新人培养和“课程思政”建设的实践中，通过动态耦合可以促进二者同向同行、协同发展。有鉴于此，把价值引领贯穿于教育教学始终，切实构建全员、全过程、全方位的育人格局，才能培养出个人思想与国家理想同心同向，个人本领与社会发展高度一致，个人担当与历史进步同频共振的时代新人。

马克思主义认为，人的本质在其现实性上是一切社会关系的总和，人是教育的目的而非手段。“课程思政”日益成为新时代高等教育理念的新共识，新时代的高等教育不仅应当重视知识传输，更应当注重价值引领。结合我国实际，新时代高校立德树人使命的达成与时代新人培养目标的实现可以被视为同义表述，因

① 习近平总书记 2017 年 10 月 28 日在中国共产党第十九次全国代表大会上的报告
② 习近平总书记 2016 年 12 月 7 日在全国高校思想政治工作会议上重要讲话

此，高校需要注重系统性、目的性、方法适用性，科学遵循人的成长规律和教育事业的发展规律。中国特色“课程思政”体系建设必须矢志不渝地坚持习近平新时代中国特色社会主义思想，以立德树人为出发点和落脚点，坚持立德树人方向，为中华民族伟大复兴培养德才兼备的时代新生力量，所以，“课程思政”体系建设与立德树人培养的理论与实践在逻辑上存在必然的契合性。

二、“课程思政”的特征

（一）“课程思政”具有广泛性

“课程思政”强调将思想政治工作落实到每一门课程中去，全面实现“三全”育人模式，努力为我国高等教育发展创造新局面。现阶段，“毛泽东思想和中国特色社会理论体系概论”“思想道德与法治”是学校开展思想政治教育的主要课程，但其课时数量在全部专业人才培养方案课程设置中只占了很小一部分，且均以大班课形式进行授课，学生听课效果较差。相比之下，专业课在专业人才培养方案设置中占比比较大，因此，在专业课程中实施“课程思政”存在巨大的优势。专业课程不仅门类广泛众多，而且在人才培养过程中受重视程度较高，且均以小班课形式进行授课，学生反响很好。各类专业课都有其自身独特的特点，依托专业课平台实施“课程思政”，一方面，可以形成协同效应，提升学习思想政治教育的积极性，另一方面，可以有效地形成思想政治影响力，全面提升“三全”育人效果。

（二）“课程思政”的显性特征

“课程思政”的显性特征主要包括四个方面；一是高校思想政治教育实现一体化衔接，二是高校思想政治教育实现内部贯通，三是高校思想政治教育实现体系创新，四是要求高校思想政治教育实现理论夯实。

具体来看，一体化衔接主要是为了解决在推行“课程思政”过程中不同专业学科之间、不同学历水平的大学生群体、不同教师层级之间存在的定位不清、认识不深、内容不明确等问题，以谋求达到统一行动、统筹规划逐步推进高校思想政治教育；内部贯通指的是无论是管理层、师资层、学生层，还是课程本身，都需要衔接紧密，真正做到衔接有序、张弛有度、交流贯通、组织无碍；体系创新是指对于不同高校、不同地区、不同专业，不能拘泥于特定的思想政治教育模式，应因地、因时、因人而异，要灵活有度；理论夯实是指有关思想政治教育的相关内容不能是“无源之水”，结合哲学社会学学科内容进行理论创新，全力支撑“课程思政”的理论需求。

（三）“课程思政”具有隐蔽性

目前思想政治教育采取显性教育和隐性教育结合的方式，显性教育就是思政老师直接讲授思想政治理论课，无论是授课方式，还是教材内容，均以显性、直接的形式进行呈现，课程教学比较传统，学生被动地进行认知学习。而“课程思政”采用的是隐性的、内潜的教学方法，使学生潜移默化地接受道德教育。一方面，“课程思政”的隐蔽性特点体现在从专业课程教学中挖掘隐藏的“素养元素”和“思政元素”，使其渗透于相关教材和教学内容之中。“课程思政”新增了素养目标，旨在结合专业相关背景和知识，宣扬社会主义核心价值观，提升学生的综合素养，为国家培养德才兼备的职业技能型人才。另一方面，“课程思政”的隐蔽性特点体现在专业课教师的课堂教学方式是“润物细无声”的。虽然教师对专业知识的教学是显性的，但在专业课课堂中加入思政元素，如探索和专业相关的名人事迹或行业文化，这就是隐性的渗透式教学方式。通过各种专业课程学习，在无形之中得到思想教育，让学生自觉树立个人的理想信念。

（四）“课程思政”具有融合性

“课程思政”将专业课程的内容与思政元素相结合。在设计教学内容时，专业课程的教师根据专业知识的特点、行业的具体情况，以及学生的未来职业发展计划，挖掘学科知识中的育人要素，并通过多样化的教学方式将其整合到课堂教学过程中，引导学生在学习专业课知识的同时提升思想政治素养。将专业知识能力目标和素养目标相融合。专业知识能力目标是提高学生在实践中运用理论知识的能力，并鼓励他们熟练掌握操作技能。素养目标则是在专业课程渗透“课程思政”元素，培养思想政治素养，提升职业道德，使学生成为合格的现代职业人。只有有效地将这两大教学目标相结合，才能更好地培养学生勤奋好学、积极钻研的学习态度；“课程思政”则是担任了隐性教育的任务，两者虽然在定位、要求、教学方式等方面存在差异，但两者在政治层面实际属性和需求是一致的，本质是面向大学生开展思想政治层面的教育。

（五）“课程思政”具有创新性

“课程思政”是为了适应新时代所呈现的新特点而进行的积极探索的创新性发展，在传统的以知识传授为主导的教学基础上，强调专业知识在传授过程中价值观输出的重要性，将思想政治元素和各类课程专业知识在课堂教学活动中进行有机结合，提升学生的思想政治素养。通过教育实践形成教育新理念，进而弥补专业课程在育人环节的不足。探索“课程思政”的创新性发展要牢牢把握不同学校的突出特点，形成各自的正确经验，将思政课程与其他课程紧密联系、协同发展，帮助并引导学生选择正确的成长方向，提升学生的辨别能力，推动学生整体水平的提高。近年来，许多高校紧密结合地方特点，因校制宜，坚持教材创新、制度创新，走出了一条符合本校特色的“课程思政”之路。

（六）“课程思政”具有渗透性

为了实现“课程思政”立德树人的目标，思想政治教育工作不能仅仅局限于具体的思想政治理论课，因此，必须加强各学科的协同与合作，不失时机地在专业课程教学中开展与专业教学内容相关联的思想政治教育，例如，微生物学中科学原理、科学发现的讲授中，必然涉及科学精神、探索精神、献身精神等，不少微生物学的理论同样适用于人文社会科学及人类的处世原则等，这些渗透在专业课程中的思想政治教育资源，就是开展“课程思政”的丰富资源，它们深度地融入各学科的专业知识之中。“课程思政”不是强制性的理论灌输，而是通过“润物细无声的”方式在专业课程的教学过程中，巧妙地渗透思想政治教育元素。就此看来，“课程思政”本质上是对理念与价值的培育与输送，具有一定的渗透性。

三、“课程思政”在课程方面的特点

（一）寓德于课是首要特点

高校推进“课程思政”建设，首先，应服务于国家战略发展要求，其次，应满足个体发展需求。近年来，与高等教育相关的会议和政策文件都明确表明立德树人是教育的根本任务，体现出“立德”于人才培养的重要性，“立德”于课程之中，是课程建设的首要特点。培养社会主义道路合格的建设者和接班人是高等教育的使命，而这其中首先要求的即是“德”，表明德行培养是高校的职责所在。从个人发展层面来说，于个体而言，寻求个体发展的前提是拥有健全的人格，即是一个完整的人。先成人，方能成才，而成人先成德，强调道德是个体首先应具备的品质。无论是国家层面，还是个人发展层面，均表明德行是成人的首要条件。

（二）人文立课是主要特点

冯骥才曾说，人文精神是教育的灵魂。在这里，人文精神即人类的自我关怀，以个人意愿、需求为基础，确保人自由、幸福且有尊严地活着，促进人类文明发展和进步。明晰人文精神的概念后，再谈人文立课。人文立课有以下几方面表现：首先，“课程思政”建设的出发点及归宿都立足于培养人这一根本问题。为了全面提高人才培养质量，教师要善于挖掘课程中的人文元素，提升自身人文素养，进而更好地实现育人目标，从对教师素养的要求层面表明“课程思政”重视人文精神。从课堂教学层面来看，强调以人文素养丰富教学内容，使人文精神贯穿教学始终，知识教育富有人文趣味，人文立课是“课程思政”的主要特点。

（三）价值引领是核心特点

近年来，无论是国家政府、区域社会、还是高等院校，都意识到育人内容和形式创新的必要性和紧迫性，打破传统课堂教学的壁垒，在育人构成要素的优化中实现创新发展，对于高校人才培养至关重要。从“课程思政”的具体教学内容来看，以综合素养课、专业教育课和实践课为载体，重在传授知识、培养能力的同时实现价值塑造，从而培养学生正确的价值观，价值引领是“课程思政”的核心特点。

四、“课程思政”基本构成

“课程思政”反映了高校思政课改革的新探索，即按照思想政治理论课、综合素养课及专业课三类课程功能定位，从内容建设、教学方法、师资团队乃至互联网载体运用等途径推进改革，通过多维专业及名人效应等角度吸引学生广泛参与，实现全课程育人。高校思想政治理论课程形成了“4+1+X”的课程体系，主要包括4门必修课和1门形势政策课（简称“4+1”）及“中国系列”思政课选修课程，这些共同构成了对大学生进行思想政治理论教育的核心课程。如果说这类课程承担着显性的思政教育的功能，那么挖掘综合素养课程和专业“课程思政”教育元素，则具有隐性的思政教育功能。“课程思政”将显性教育功能与隐性教育功能相结合，从而构建出思政理论课、综合素养课程、专业课程三位一体的高校思政教育课程体系，实现从“思政课程”到“课程思政”的转化。

①思政课程。思政课程教授学生的内容是以马克思主义基本原理为基础的理论知识。“课程思政”的建设是推进高校落实立德树人教育的有效途径，是对学生进行德育的方式之一，因此在“课程思政”建设的过程中，不能忽视思想政治理论课育人的主渠道作用，思政课程是育人的主要课程。加强对思政课程的重视需要将马克思主义学院进行重点建设

②专业教育课。在教授专业知识过程中，融入思政元素，进行思政育人的相

关工作。对大学生开展思政教育的同时，深化教学改革，拓展本学科知识的应用面，进一步发挥本专业的育人作用。

③综合素养课。它是高校“课程思政”建设的内容之一。在综合素养课课堂教学之中，结合时事热点具体分析时事内容，突出知识的内涵与价值，不仅提升大学生的学习知识的能力水平，还教会学生待人处事的策略和潜在的技巧，最终培养大学生健康良好的品德性格。综合素养课内容的变化性相对突出，授课教师应该从内容入手，在提升学生兴趣爱好的同时，通过潜移默化地的模式将科学知识、正确的价值观教授给大学生。

④第二课堂。第二课堂是指高校课堂之外的教育教学实践。相比课堂教学，第二课堂相比课堂教学，并且没有一定的教学大纲，只要求课程在规定的时间内完成教学，它更加灵活机动，通过高校第二课堂建设，可以将思政教育基本要求、立德树人根本导向融入第二课堂，既是对第一课堂的补充，也是将课堂知识付诸实践的有利渠道。另外，第二课堂建设形式多样，平台众多，可以综合利用各种先进的信息技术和一定影响力的平台资源，使得高校大学生思政道德素质等内容内化于心，外化于行。

五、“课程思政”的体系构建

（一）“课程思政”组织架构

①各高等院校明确了校党委实施“课程思政”的主体责任和领导地位，包括学校党委负责人，即普通高等院校党委书记是第一责任人。如北京第二外国语学院党委书记顾晓园认为“课程思政”教学改革是“一把手”工程。大连工业大学党委书记葛继平对高等院校“课程思政”实施工作做了直接布置，包括：第一，明确内涵；第二，分步推进；第三，明确责任；第四，完善政策。

②在高等院校内中级层面的“课程思政”实施组织方面形成了三种模式：第一种是学校教务处担负着重要的甚至是引领性的作用；第二种模式由马克思主义学院发挥协同引领作用；第三种模式是学校党委或党委的工作部门如宣传部统领，二级学院或二级教学单位自行组织推进、并驾齐驱。大体上虽有三类不同组织体系的不同观点，但至少提出了高等院校“课程思政”该有哪个部门牵头、承担的问题，避免了职责、权责不分。还有其他建议如建立“教师工作部”专门负责教师及“课程思政”的切实贯彻管理。

（二）“课程思政”制度建设

围绕国家关于推进切实贯彻“课程思政”教学改革的有关政策，众多普通高等院校纷纷出台了本校的“课程思政”实施方案等制度文件作为本校“课程思政”的顶层设计。安徽建筑大学“课程思政”实施方案中明确了加强组织领导、加强协同联动、强化工作考核、提供经费支持等要求。湖南工学院“课程思政”实施方案中也提到了加强组织领导、加强协同联动、强化工作考核三个方面。温州大学推进“课程思政”实施方案中也提到了相同的三个方面，最后一个方面是激励机制，与安徽建筑大学实施方案中的经费支持有共同之处。大体上所有高等院校制订的本校“课程思政”实施方案在这几个方面是相同的，这也从侧面体现了普通高等院校“课程思政”在校级层面的制度建设显得过于笼统，趋于同质化。

二级院系是切实贯彻“课程思政”教学改革的主要部门、关键部门。哈尔滨理工大学软件与微电子学院制订的“课程思政”实施方案围绕工作目标、实施办法、保障与激励等作出具体安排。然而，除了部分高等院校的独立设置学院（下属公有民办学院）之外，很难再了解、掌握到其他高等院校的二级院系层面出台的“课程思政”实施方案材料，但关于切实贯彻本校的“课程思政”相关教学活动、评比等所制订的操作办法却比较丰富。

（三）“课程思政”指导培训

第一种培训主要以讲座开展培训的形式为主，可以邀请相关高等院校的专家学者开展辅导报告作为主要特点，通过讨论、讲述等多种方式共同探讨“课程思政”。

第二种培训主要是以研讨会的形式开展，当然有些学校组织的研讨会，但其实际性质、形式上还是属于“讲座”，即一人主讲、他人讨论，或者是领导主讲，其他参会者谈感受。除此之外就是全省、全国范围内的关于“课程思政”实施层面的讲座报告、研讨会，参与教师的数量与某一学校教师总量比较实在是少之又少，缺少覆盖面。

（四）“课程思政”实践探索

（1）以科研出成果

由于高等院校特殊的工作机制，尤其是教师职业发展体制，教师在切实贯彻“课程思政”教学的同时，特别在意将实施“课程思政”教学的做法形成学术论文等作为科研成果。这一做法既有学校有效促进的因素，比如组织课题申报和科研立项，也有教师注重自身成果的积累而主动改革实践开展学术提炼。

（2）以活动为形式

比如“课程思政”教学讲课竞赛或说课比赛、“课程思政主题活动月”、教学案例征集、集体备课等。这些活动的特点是形式丰富、参与性强，虽然具有短期性，但能形成现实层面的“结果”“成果”作为“课程思政”教学改革实施的体现，可用于工作总结、经验介绍、成果展现及上级检查等。

（3）通过会议布置工作

学校、二级院系、教学管理部门通过各级各类会议来强调“课程思政”的切实贯彻和推进，有专门、专题会议的形式，也有在其他会议内容中穿插布置和工作强调，这一做法每一所高等院校都会实施，具有普遍意义。关键在于会议召开以后的切实贯彻监管，以及下一管理层级通过会议传达上一级的会议精神过程中有没有表述清楚并传达到位。因此，会议布置工作具有必要性，但应避免下一级以“开会”来完成上一级会议精神的切实贯彻的情况。

（五）“课程思政”评价体系

高等院校对“课程思政”教学反馈与评价主要依据为学生群体对教师实施“课程思政”的信息采集，主要通过：网上测评、调查问卷、教学信息员反馈三个途径。各高等院校除此之外采取的途径通常还有通过教学督导、教学管理听课等教学监测队伍的信息反馈。也有学校开展了全校层面的“课程思政”切实贯彻专项检查，通过量化、细化评价指标来检查教学文档，如课件、教学大纲等，通过开展学生座谈来收集学生层面的“课程思政”实施情况及效果测评。如集美大学就由教务处组织专项检查小组到各学院实地检查，内容包括：自查报告、研究与交流材料、教学大纲修订、教学计划和教案（PPT）及应用案例等。当前，国内各高等院校实施“课程思政”教学改革的主要情况可以归纳为。

第一，都能明确将立德树人作为“课程思政”实施的根本任务，但对“课程思政”的实施目标即“德”的方向、内涵尚未形成统一理解。

第二，确立高等院校党委为切实贯彻“课程思政”的主体责任，但校内部中层的管理部门设置、分工、权限划分等组织结构各不相同。

第三，学校层面都制订了实施方案作为制度推进措施，但下属二级院系的切实贯彻制度尤其是保障制度需要加强。

第四，都组织了讲座报告辅导，但培训工作缺少系统化，覆盖面较窄。尤其是指导者、主讲者的资质、能力需要界定，从而达到“课程思政”实施目标、方向的统一。

第五是“课程思政”科研方面体现在各课程自主展开研究，缺少必要统筹，尤其是缺少思政理论方面的指导，普通高等院校应避免错误的、主观的、片面的科研理论用于教学实施。

第六，在“课程思政”教学改革效果评价方面尚缺少覆盖面较全的有效观察途径，也就是教师是否在日常教学中切实贯彻“课程思政”教学，效果如何、评价方法与路径仍需探讨。

六、“课程思政”的育人功能

（一）引导学生树立正确的人生观、价值观和世界观

在大学阶段，人才培养目标不仅是专业水平的提升，人文修养和思想理念的进步也是必不可少的一部分。专业课程的学习主要是提高学生的文化知识水平或专业技能，是为了锻炼学生的思维方式，为社会的发展培养高素质人才。但仅有知识的积累远远不够，新时代的青年面对更加多元的价值理念和开放的时代环境，需要满足更加全面的综合素质要求，只有树立坚定的理想信念和科学的价值观，才能真正担当起民族大任、国家重托。“课程思政”引导学生培养良好的思想道德品质，促进价值观的成熟和完善。

（二）增强学生学习的自觉性和主动性

在传统教学模式下，教师主要讲解与考试或者专业相关的知识，以提高学生的学习成绩。这虽然能够有效增强学生的专业能力，但单一的教学内容往往无法激发学生的好奇心和探索欲。随着“课程思政”与教学的融合度越来越深，学生在课堂上能够接触到更多与时事政治相关的内容，在学习专业知识的同时，结合所了解的时政知识分析国家大事、国际热点，发表自己的观点和看法。这样的模式不仅能丰富教学内容，使思政理论与专业课程实现良好结合，还能将案例或者思政观点与课程内容相结合，引导学生进行自主分析和探索。

（三）提升大学生的思想政治素养

大学生不仅要具备高水平的专业能力，还需要有较强的社会适应力。在进入社会后，大学生会面对更加复杂的人际关系和各种诱惑，只有具备较高的辨别力和坚定的理想信念，才能够真正融入社会生活，成长为有担当和责任感的优秀青年。“课程思政”主要致力于向大学生输送先进的政治观念和科学的人生观，提高政治敏锐度，成长为社会主义现代化建设的主力军。在“课程思政”理念的引导下，

学生能够更加明确自身的追求与信念，具备更高的道德品质和政治素养，成为高素质的综合型人才。

七、“课程思政”的当代价值

高校将对学生的思政教育融入各个专业课程的教育教学改革中，并对学生进行不间断的社会价值引导与专业知识传授，从而在润物无声中创造性地实现立德树人的根本目标，为培养新时期的社会主义建设者和接班人创造重要条件。

“课程思政”实现了专业知识与价值引领的有效结合，也是学生学习专业知识及提高其思想政治品德的有效途径，进一步实现了育人效果的最大化。从字面含义来看，“课程思政”同时具备了思想教育的人文属性和价值理念的道德引导属性，而这两个属性在本质上都是基于人才培育的目的而存在的。高校长期以来只注重专业知识的讲解，忽视了教学的德育功能，背离了教育的初心。教育不应只是传播知识的渠道，更应发挥其育人功能。“课程思政”通过将思政理论内涵融入专业学科教学中，重新激活教育的价值导向功能，使学生在学习专业知识的同时形成科学的世界观和人生观；与此同时，通过梳理辨析多元的价值理念，学生能够更加明确自身的价值追求，并且增强对核心价值观的认同感和维护意识。

“课程思政”改革的推行实现了传统文化和现代文化的有机统一。追溯中华文化的发展历程可以发现，思想政治始终伴随其生长繁衍。“课程思政”理念作为传统文化的接续，通过道德品质和思想信念的熏陶来培养学生的人文素养。在新时代背景下，由于一些错误舆论的影响，加之思政工作的实效性有限，部分学生很容易走入价值认知的误区，“课程思政”教育理念的提出就是为了及时防范这一现象，确保学生在马克思主义科学思想的引导下不断向前。

第三节　“课程思政”的基础

理论是实践的先导，没有理论支撑的实践是经不起风吹浪打的。理论源于实践，又用来指导实践，要想进行更好的实践，就必须伴有一定的理论支撑。本节对“课程思政”的研究主要基于以下几个方面的阐释。

一、“课程思政”的理论根基

（一）马克思主义理论和思想

1. 马克思主义关于人的全面发展理论

人的全面发展不仅仅是智力的发展，还包括人的体能、道德品质、自由个性、社会关系、志向与兴趣，以及各方面才能等全方位多角度的发展，重视人的发展的全面性和自主性及整体素质的提高，这与高校“课程思政”教育理念相契合，为高校“课程思政”建设指明了方向。人的全面发展是国家公民整体素质的提升，是整个社会成员的共同发展，同时马克思主义在各个方面都非常重视教育对人全面发展的作用。“课程思政”是以马克思主义基本观点为指导，向学生传授有关马克思主义理论及其中国化的成果，本质目标是培养学生成为全面发展的现代职业人。由此可以看出，“课程思政”的教育目标与马克思关于人的全面发展的理论在本质上是一致的，后者构成了“课程思政”的内在理论基础和根本价值目标。“课程思政”是新时期教育思想的创新，从实践上解决了高校思政课和专业课显著分离的不良状况，实现“三全育人”的新格局，为国家培养更优秀的人才。

2. 马克思主义教育思想

我国所取得的辉煌教育事业成就，以及今后的教育事业发展，都是在马克思主义及其教育思想指导下前行的。马克思认为“教育一般来说取决于生活条件”，而不是教育决定社会。教育的开展必须基于社会实际情况进行。在新时代的背景下，信息高速化加快了社会思潮的传播，对于新时代青年行为和思想的影响愈加深刻。课程育人是社会发展的必然要求，“课程思政”能发挥每位教师的育人作用与思政课教师共同承担培养全面发展的时代新人的重任。教育培养人的能力、创新意识和主体意识，使个性得到充分发展，是课程育人的重要理论依据。我们党历来都非常重视教育，马克思主义的教育思想为“课程思政”的提出提供了理论依据。“课程思政”的建设，要求动员全校人员投入思想政治教育工作中，保证学生的专业知识和价值认识都得到充分发展，实现个性解放和全面化发展。“课程思政”的开展必须有效运用社会生活内容，开展形式多样的实践教育活动，引导受教育者更加全面、深入地了解社会生活，在社会生活实践中深度发掘自身价值，进而将个人价值实现与中华民族伟大复兴的百年梦有机结合。拓宽思想政治教育的新视野，作为一项立德树人的社会实践活动，“课程思政”更为关注教育者与受教育者之间思想意识方面的交流，即归属于精神交往的范畴。在精神交往层面，单纯进行知识灌输而非价值引领，难以达到“课程思政”教育铸魂树人的教育目的。

（二）道德教育理论

学者劳伦斯·柯尔伯格（Lawrence kohlberg）指出，德育应以学生为主体，坚决反对传统的灌输式德育方式，这种方法无视学生的“自由意志”，无视学生的发展水平和自由活动。在道德理论活动的实践中，单一的教育方法会让教育变得枯燥乏味，不能吸引学生学习的注意力也不能激发学习的热情。因此，在课堂教学中，可采用各种新颖的教学方式，重视教育者的指导作用，充分发挥教育对象的重要作用，将课堂教育与德育相结合，结合学生自身道德教育实际情况开展相应教育工作，培养学生的思想意识，同时提升德育水平。目前，我国高校没有开设独立的道德教育课程，主要通过思想政治理论课来对学生进行道德教育，融合在素质类课程中开展的,学生不能全方位的获得道德教育。“课程思政”理念的推行，使道德教育自然地融入所有专业课程之中，不仅能够提升课程育人功能，而且能激发学生的学习的主动性。

（三）隐性教育理论

隐性教育侧重于使受教育者在自然轻松的状态下受到感染和启发，从而更自然地接受教育的内容。学者苏霍姆林斯基曾指出，教育者的目标越隐蔽，教育的对象越容易接受，就越能转化成自己的内心要求。“课程思政”的实现方式是从专业课中寻找行业相关的思政元素，使学生在学习专业知识时获得职业道德教育，这样更能得到学生的接受和认可，起到“润物无声”的效果。美国哲学家杜威·约翰（John Dewey）的间接道德教育模式提出，不应将道德教育视作单一课程开展传授活动，应将德育融入不同的知识体系之中，潜移默化地实现育人目标。“课程思政”正是通过专业课程为载体，是实现育人目标的重要方式。

（四）思想政治教育接受规律论

“接受”通常被人们理解为认可、接纳的意思，有自发性接受、指导下接受和自觉性接受三种形态。思想政治教育理论中关于接受的概念是在原本的概念基础上发展而来，思想政治教育活动是一种内化的过程，但受教育者也有一定的外化反应。教育者与受教育者构成一对矛盾，受教育者不是处在被动吸收的过程，而是具有能动性。尤其是在教学进行到一定的程度时，学生对于教育内容的选择性和能动性更强，同时他们能否将教育内容外化于实践，也是由受教育者能动性的主导。利用教育者和受教育者这一双向互动规律育人，能够使教育者有效把握受教育者的主体地位，改变单一传授知识、忽略学生主体地位的教学方式。在教学过程中，教师要主动了解所教学生的需求和期待，提高自身能力和修养，满足受教育者的期待。同时，教育者要善于发现和引导教育者的创新期待，促进其目标的实现，从而调动受教育者的积极性和能动性，取得思想政治教育实效性。此外，教育者要根据受教育者的需求进行传授知识，但是不能一味地去满足他们，而是要以改善和提高受教育者的主体性为目的，让他们自主地去接受、内化及外化。教育者的施教过程制约着受教育者接受的方向和水平，教育者在社会价值目标的指引下，引导学生朝着这一价值目标进行发展，这就意味着各类教师在课堂教学中，不仅能够引导学生学习各门课程的专业知识，同时也能够引导学生的思想道德发展方向。当然，受教育者的接受过程也制约着教育者的施教过程，例如，施教内容的难易程度、有趣性、实用性等问题都与受教者的接受相关。因此，思政理论课教师在授课时要从受教者的实际情况出发，关注受教者之间的差异，适应受教育者的心理特点；其他各类教师在实施“课程思政”过程中，要在教授课程内容的过程中渗透思政教育元素，采取适当的教学方法，达成教学目标和育人目标。

（五）有效教学理论

“课程思政”推进过程中要求实现全方位、全过程育人，这与有效教学理论完全契合，注重推动教学自身的全面性、有效性的设计与发展。因为，“课程思政”建设的本体性价值在于彰显教育教学的初衷，即推进学生全面发展。从达到有效教学的过程来看，它不仅需要教师精心组织设计，更需要教学体系、教学目标、教学原则等方面不断完善，属于各单元协同合作、各阶段逐步优化的过程。而“课程思政”建设正是要求各学科协同育人，各阶段不断融合，这一点促成并保证了教学实现的有效性，符合有效教学的基本要求。从课程内容来看，无论是思政课程、专业教育课、综合素养课，还是第二课堂，都要求实现理论与实践的统一、科学知识与正确价值观的统一，这是有效教学理论在“课程思政”假设方面的具体体现。

二、新时期“课程思政”的实践依据

伴随着世界范围内思想文化频繁地交流碰撞和科学技术的迅猛发展，思想政治教育也面临着新的形势和新的挑战。任何历史时代都是在提出自身时代命题和解决自身现实问题的基础上不断发展进步的，“课程思政”教育理念符合新时期教育发展的潮流，为深化和推广思想政治教育拓宽了渠道，““课程思政””是一个裹挟着时代诸多发展诉求的现实命题，它有着强有力的实践依据。

（一）意识形态教育的复杂性

从根本上来说，新时期““课程思政””的现实推进根源于意识形态教育的极端重要性和复杂性。作为“软力量”的意识形态，标志着一定的阶级和利益集团对社会形成了独立力量，实际上它更是一定社会统治阶级根本利益的折射。对于意识形态的极端重要性，马克思在其著作中也有所提及，“如果从观念上来考察，那么一定的意识形式的解体足以使整个时代覆灭。[①]”由此可见，意识形态工作的开展既需要从顶层设计上赋予现存政治制度以合理的思想体系，又需要通过各种方式引导社会成员认同这些思想观念，使社会成员在价值选择和行为实践各方面能自觉地遵循思想观念的指引。意识形态正是通过教育的方式才为社会成员所接受并成为他们实践活动的内在依据和真实动机，意识形态掌握群众的过程是复杂的，它需要借助一定的价值符号去论证社会政治经济制度、社会决策及社会运行秩序的合理性，这个过程涵盖社会的方方面面。因此，意识形态教育是一项涵盖多元因素的综合议题，关键在于如何实现社会成员在行为实践、情感生成、态度倾向、价值选择、理想信念形成等方面的内在统一，并且使以上诸多方面符合社会主流意识形态。校园教育承担了意识形态教育的很大一部分任务，它也是意识形态教育的主要领域，整合高校诸多教育资源形成意识形态教育育人合力，这需要从课程这一主要的育人载体着手，通过课程搭建起个人与社会、实践活动与理想信念体系内在转化的桥梁。以课程为载体整合教育资源实现意识形态教育目标，需要明晰各个学科蕴含的具体价值取向与社会主义核心价值关系为思考前提，在良好的课程教学环境中推动社会主流意识形态的生成，以积极的思想观念引导学生在构建学科知识体系的同时形成正向的情感态度、科学的思维方式、正确的价值选择和坚定的理想信念，使学生在面对社会多元价值信息时能够自觉地倾向于符合主流意识形态要求。

（二）立德树人根本任务实现路径的多维性

党和国家始终把培育共产主义信念和社会主义意识形态作为教育的核心要义，高校承担了育人的职责和使命。立德树人根本任务经历阶段性的演进进而逐渐明晰：从中华人民共和国成立到20世纪六七十年代，教育工作主要强调对国家、中国共产党和社会主义的认同，培育爱国主义精神、社会主义觉悟和共产主义情怀，以及树立辩证唯物主义和历史唯物主义观；20世纪八九十年代注重政治方向和社会主义发展方向的正确性，拥护党的领导，将有理想、有道德放在了“四有新人”

① 马克思．资本论 [M].1867

的前列；进入 21 世纪后，教育要重视世界观、人生观、价值观的教育，树立社会主义理想和信念。新时期，更加注重立德树人的历史使命，在培育担当民族复兴大任的“时代新人”的整体规划中，将“立德”置于关键地位。由此可见党和国家一直将培育社会主义建设者和接班人作为教育主线贯穿于各个环节。要达成立德树人的使命不能仅仅依靠思想政治理论课，可将其定位为一项系统的育人工程，多渠道利用各类教育载体，丰富思想政治教育的主体，建立健全思想政治教育长效机制等多个维度，共同推进育人目标的实现。新时期意识形态教育目标的实现和立德树人根本任务的完成应该拓宽思想政治教育的外延，围绕思政课程和各类课程的核心，以日常思想政治工作为辅助，构筑系统科学的思想政治育人环境。

第三章　思政课程与“课程思政”协同发展

第一节　思政课程与“课程思政”比较

一、相同之处

高等教育有为国家战略发展服务的职责，通过培养社会主义建设者和接班人实现服务国家发展的目标。思政课程与“课程思政”两者都是以“课程”为载体，都是人才培养的纽带，从不同的层面履行课程的育人功能，发挥课程的育人作用。

二、不同之处

（一）内容不同

思想政治理论课程教授学生的内容是以马克思主义基本原理为基础的理论知识，包括“马克思主义基本原理”“毛泽东思想和中国特色社会主义概论”“中国近现代史纲要”“思想道德与法治”以及“形势与政策”等五门课程，是针对高校学生开展思想政治教育的一类课程，具有很强的知识性，鲜明的政治性、目的性及中国特色性，课程内容相对具体，其思想性表现出鲜明的马克思主义特征。

思想政治理论课程是国家主流社会意识形态建设的主阵地，在学生的思想政治教学中占据主导地位，一般都具有很强的理论性，如马克思主义世界观和方法论、中国近现代史的发展历程等。这些课程都坚持马克思主义立场，强调马克思主义观点和方法，在这些观念的引导下培养具有马克思主义的理论型人才。此外，在思想政治理论课程中，除了坚持继承马克思主义基本原理外，还强调坚持与时俱进，不断进行理论创新。

“课程思政”构建思政理论课、综合素养课程、专业课程三位一体的高校思政教育课程体系，内容更全面，覆盖面更广。

（二）方法不同

思政课程中，教师通过讲授马克思主义理论、毛泽东思想和近现代时事政务等，向学生较为直接地传递爱国主义精神、家国情怀和社会责任等，而“课程思政”内容则丰富得多，以课程为主要载体，强调所有学院、所有专业和所有教师的参与，对学生在传授专业知识的同时，适时利用课程优势开展思想政治教育。

“课程思政”是在专业课程教学中开展与专业教学内容相关联的思想政治教育，以专业知识作为基础，挖掘课程中的育人元素，同时加以社会核心价值观的引领，于无形中对学生进行价值引领，促使学生提升对专业知识的认知，这是一种能动地认同和内化。它是思政课程的补充和丰富，教师通过不断增强自身素养，在专业课程的教学中挖掘和开发思政资源，适时穿插与专业课程教学内容相匹配的思想政治教育内容，为高校学生思想政治教育提供更为广泛的内容。在教学中，它更强调的是“方法”。

三、两者的辩证把握

思政课程是高校思想政治教育工作的核心内容，但同时思政课程讲授的内容相对枯燥乏味，且讲授内容单一、刻板，形式陈旧，不具吸引力，导致高校学生对课程存在反感和排斥情绪，普遍认为思政课无用，最后在这样的情况下任课老师“各自为政”、学生自行其是，高校思政教育便出现了“孤岛困境”。

因此，当下推动高校“课程思政”建设，将思政课程作为“课程思政”建设的主要内容和关键环节，可以对传统高校思想政治教育实现渠道的拓展、内容的丰富、形式的创新，有利于规避课程的“孤岛效应”，破解思想政治理论课的尴尬境地和传统思想政治教育教师孤军奋战的困境。且又能让学生在学习知识的同时，促进学生的全面发展，保证了高校思政建设中思政课程这一“主渠道”。

利用“课程思政”这一理念，作为与之相辅相成的思想政治教育方式，能够在学生的价值引领上发挥重要补充作用。此外，两者的结合能够做到显性教育与隐性教育相结合，弥补传统理论灌输所带来的不足。

第二节　思政课程与“课程思政”协同发展

一、思政课程与“课程思政”协同发展概述

所谓协同，也就是系统各要素自发的相互作用，产生系统规则，运用综合的思维方式，在规则的指导下，各要素结合起来，形成合力、同心、同向、同步协作，并通过不断地协调、整合、优化，形成大协同环境，从而促进系统制订的目标完成的一个过程。

“课程思政”与思政课程的协同发展、同向同行，就是二者坚持正确办学方向，发挥课程育人功能，实现合力育人的目标。

（一）思政课程与“课程思政”理论方向的一致性（同向）

1. 政治方向一致

思政课程与“课程思政”都具有一定的政治性。两者的政治方向一致也就是坚持社会主义道路，树立为社会主义事业终生奋斗的理想，让学生有为中国特色社会主义服务的意识和能力，有承担中华民族伟大复兴使命的自觉性和动力。

2. 育人目标和方向一致

在教学中应该清楚地认识知识、能力培育和价值观培育三方的关系，对学生整体素质的提升予以高度重视。因此，育人必须通过三个方面：知识、能力和价值观。

育人目标对于高校思想政治理论课来说是不可或缺的一个教学目标。可以将其理解为，为高校学生实现自由全面发展而进行思想、理论等方面的培养，让青年学子成为新时代德智体美劳全面发展的人才。

随着时代的不断发展，各种思想可以说是百家争鸣、百花齐放，所以学生的思想也会受到各式各样的思想的冲击。高校在进行办学的时候一定要做到在传授学生知识的同时重视学生思想道德修养的培育。

在进行思想道德教育的时候在不影响学校的专业授课的情况下，使得学生的思想道德修与价值观被塑造的同时也可以接受较为专业的知识指导，这样培育出来的学生不仅具有专业的学科知识与能力，也具备较高的思想道德水平，为我国教育立德树人的目标实现提供源源不断的力量，也为我国的基础建设输送高质量

的人才。

3. 根本任务的一致性

以德立命的观点自古以来就受到中华民族的注重。在对学校各项工作进行检验的过程中，应该参照的唯一标准就是立德树人的成效，真正实现以德育人，增强学生思想道德水平，高度重视学生文化素养的培养。立德树人职责不只是思政教师的工作内容，而是各个课程的老师都应该坚持的伟大使命。所以，思政课程、“课程思政”相较于立德树人具有高度的统一性。

（二）思政课程与“课程思政”实践路径的一致（同行）

同行顾名思义就是统一的行为，在思政课程与“课程思政”中表示的则是对于思想道德的教育开展活动的一致。二者的同行就是开展统一的、一致的思想道德教育，同时二者相辅相成促进我国思想政治教育水平的不断进步。

1. 步调一致

“课程思政”和“思政课程”的步调一致更多的是从宏观层面来进行考虑的，比如，政治文化、理论等，这些角度的步调一致可以帮助我国在进行思想政治建设的时候有着非常高效率的行动。同时“课程思政”在进行我国上层建筑建设的时候也要符合“思政课程”的步调，将思想道德教育进行一定程度的调整与调节，进行立德树人的思想政治教育根本目标的实现，促进我国人才教育水平的不断发展，为我国基础建设输送源源不断的高质量人才。

2. 相互补充

“课程思政”和“思政课程”的相互补充其实就是对于思想政治教育的结构进行一定的优化，将该教育行为设计得更加系统、更具有科学性。“课程思政”和思政课程应严格区分，保证二者具有较好的独立性，同时对于二者进行相应的优化，将思政课程与“课程思政”的内容与边界进行明确的界定，并将教育体系不断完善，促进立德树人目标的实现。

3. 相互促进

首先，“课程思政”具有理论、科学等学科的支持，它可以使得思政课程有更多的实例与理论的支持，促进思政课程的发展。

其次，思政课程对于“课程思政”能起到积极的引导作用。在别的方面或许思政课程表现得并不突出，但思政课程一直坚持社会主义办学方向，并且对于中央精神总是及时进行深刻的解读，从而不断提升思政课程的水平，在一定程度上促进“课程思政”的发展。

“课程思政”和思政课程的同行同向的关系是辩证的，这二者之间的关系更像是实践与认识之间的关系。在某种程度上，“同行”是“同向”的路径，而“同向”则是“同行”的前提。我们在进行思想政治教育的过程中要明白“同向”对于思想政治教育的指导意义，也就是引导的重要性，如果不进行重视，就很难完成高质量的思想政治教育，同时我们也要明白“同行”在实际中的可行性，因为如果对于这一点有所疏忽，那么将无法培育出合格的社会主义接班人，导致祖国的建设没有足够人才的支撑，只有对于二者都重视，才能保证“同行”与“同向”之间的相辅相成，使得二者之间的协同效应得到最大的展开。

二、思政课程与“课程思政”协同发展的紧迫性和重要性

（一）思政课程与“课程思政”协同发展的紧迫性

1. 新形势下的必然要求

因个体和群体的差异，教育对象具有较强的层次性和类别性，同时也被赋予了极为浓厚的时代性。现阶段，中国正处于全球经济浪潮的中心，在这种背景之下，中国在培养接班人的道路中，应该对学生起到引导作用，让学生对中国发展趋势有更深入地认识，端正学生对于世界发展的态度。为积极响应这点，思政教育内容应该第一时间体现出新生代的特点，为发展中国储备充足的优秀人才。

高校思想政治课是提升他们政治观念的有效渠道。尽管中国当下经济发展态势良好，然而在意识形态方面却依旧面临着严峻的形势，为此有必要提升青年意识形态建设力度，增强他们的安全责任使命感，在构建思想政治课程体系中，应该充分思考中国独特的历史和文化，以中国国情为根本，实现爱国主义和文化品格教育的高度统一。

因此，“课程思政”及思政课程需要一同发挥积极作用，才可以产生强有力的积极影响，实现教书育人的最终目标。

2. 高校思想政治教育的本质要求

思想政治教育是一类具有特殊意义的教育活动。个体价值体现在：思想政治教育借助对人的关心、培养，逐步满足个体精神方面的需求，进而推动人的全方位发展。社会价值一般体现在：利用宣传工作，激发凝聚社会力量、达成共识，完成思想统一，降低社会资源损耗，尽最大可能完成社会整合，进而推动社会稳

定发展，以及相关秩序的构建。改革开放以来，全球化进程迅速发展，各类文化思想的渗透，使人们的思想认识逐渐丰富。怎样在多元化中实现统一，在多样性之中抓住主导权是现阶段的当务之急。思想政治教育借助理论阐述、价值牵引的方式，促使人们形成了积极、准确的价值观及国家认同感，利用理论知识的宣扬，激发人民群众积极性，推动社会及人际关系的和谐发展，促使社会更为公平、规范、诚信的运转。所以高校课程革新的核心任务不但要确保以往的思想政治课程不断革新，还需要积极开发各类课程的育人资源，这同时也是每位教师的重大职责。在立德树人的教育过程中，每一位教师都必须肩负起自身应有的责任与义务，这是教育人的历史使命和担当。

3. 高校教育理念革新的需要

思政课程和“课程思政”二者协同发展，要在高校各类课程中找到了一个极好的契合点，彻底改变专业课程与思想政治教育割裂的现状，代表着高校教育理念的革新。教育活动在教育理念的引导下展开，唯有在准确合理的教育理念的引导下，教育活动才可以持续稳步展开。

高校思想政治教育属于系统性极强的工作，但只借助思想政治理论课的开展是无法完成最后的任务目标的，这就需要我们秉持“协同育人”的工作理念，对其余课程的育人作用同样给予重视。

“课程思政”与思想政治理论课形成协同效应。协同育人理念要求各所高校的教师都要将育人当作自身的首要任务及责任，并将其积极地贯穿于教育工作当中。那些认为教学同育人是相互矛盾、互相排斥的观念是不正确的。我国高校的本质是社会主义高校，最核心的任务是培育社会主义合格建设者和接班人，所以我国高校只有从这一战略高度出发，才可以深度理解“课程思政”和思政课程协同发展这一理念的重大意义。

（二）思政课程与“课程思政”协同发展的重要性

1. 确保社会主义办学方向的需要

我国高等教育必须坚持教书和育人相统一，为中国共产党的不同方针、政策做贡献，保证党对其的领导，确保马克思主义在其意识形态领域的核心领导地位；必须要在方向上与中国特色社会主义的方向保持一致，与中国特色社会主义建设过程中提出的要求上保持一致。“课程思政”是高校思政工作的关键构成，凸显了社会主义大学的办学特征，秉持社会主义大学的育人方向，从课程系统的构建入手，深度开发各类课程的价值意义，将教书育人融入实践活动当中，为社会主义大学培育目标的最终实现提供保障。

首先要让学生树立“四个自信”意识，只有对国家和未来充满信心的社会主义建设者和接班人，才能够完成社会主义培养目标。在完成立德树人这个任务的进程中，充分发挥思想政治理论课的作用。思想政治理论课在学生思想素质的确立、价值观念的正确引领中发挥着关键的作用，能够在教育教学中将自身的学科价值发挥出来，使学生在高校的教育教学中能够拥有正确的家国观念和民族情怀，使他们能够对国家充满自信，在个人的发展过程和生活实践中自觉地将自身发展与中国特色社会主义事业相结合。

2. 落实立德树人根本任务的内在要求

习近平总书记在 2016 年 12 月 7 日全国高校思想政治工作会议上重要讲话提出：“立德树人为高校立身的根本”①，高校要坚持以育人为核心的办学理念，结合中国特色，深深耕植于中国大地，实现中国梦，推动中国从人口大国向人才强国的转型。目前，高校办学正处于多变的国际国内环境中，教育对象身处于多元化思想理念、多样化思想文化冲撞的挑战之中，这不仅使高校面临着大量发展的机会，也使其面临着巨大挑战。学生其思想是多变的，同时也是可塑的，学生不但会在学校有机会学习主流思想既社会主义核心价值观念，还会在复杂的社会受到各种非主流思想及多元价值观念的影响。这就要求高校教师在课堂教学中，既要重视传授专业知识及技能，还要为学生思想的进步以及价值观的形成提供正确的指引。

“课程思政”的构建要遵循并服务于各类学科的发展，以及专业的办学目标。各个学科自身都肩负着部分精神塑造及价值观教育的责任，应该借助“课程思政”，帮助学生既拥有个人的小德，同时也具备社会的大德，拥有坚定的价值观自信，保证高校立德树人最终目标的完成。

3. 高校掌握意识形态领域主动权的必然选择

意识形态工作具有极端重要性，而此项工作开展的前沿阵地就是高校。青年时期不仅是身心发展的重要阶段，也是价值观培养的极佳时期，其价值观正确与否直接决定着社会未来的价值走向和发展。高校在开展意识形态工作时，应该高度重视对于高校学生价值观的培养。现阶段，复杂性仍旧是高校意识形态工作开

① 习近平总书记在 2016 年 12 月 7 日全国高校思想政治工作会议上重要讲话

展主要面对的问题，高校不仅是思想交流的前沿阵地，更是价值观形成的重要阶段，复杂的社会思潮给高校学生的价值观带来了很大的影响，尤其是网络的发展更是加剧了这种形势，在速度、范围和后果方面相较于以前更为明显。为全面落实高校意识形态工作，则应该始终以意识形态为核心，将其渗透到学校教育的全过程中，创建尽可能多的教育渠道，让高校学生感知主流意识形态，从而获取他们的认可。要想确保此项工作开展取得良好成效，仅靠思想政治理论课教师的努力是远远不够的，其他各类课程教师也应该积极参与进来。实现思政课程与“课程思政”协调统一，其他各类课程在传授专业知识的基础之上，还应该对于信仰教育予以高度重视，由此产生良好的协同效应，才可以将高校意识形态安全提升至新的高度。

三、思政课程与“课程思政”协同发展的问题

（一）意识方面的问题

思政课程与“课程思政”要想能够更好地同向同行，相关主体必须意识到两者的方向是一致的。在高校中，无论是管理者还是专业课教师首先必须达成共识，然而在现阶段要想完成这一目标，显然困难重重。对于高校的管理者来说，一般情况下，高校的思想政治教育都由相关院系及部门来进行具体操作，其他专业的院系只需承担辅助作用。这一模式能够更好地确保各个院系之间职责的划分，然而，这也使得高校在对学生进行思想政治教育的过程中往往更加依赖思想政治理论课教学科研机构。

（二）认知方面的问题

思政课程与“课程思政”协同发展的理念还没有深入人心，众多专业课教师对于两者协同发展存在极大的疑虑，个别专业课教师教学中没有很强的政治意识和德育能力，认为其只需做到知识育人，自己的专职就是教好专业知识，而思想育人是思政老师及辅导员的本职工作。与此同时，他们也认为只有学好了专业课的相关知识学生才能够立足于社会，而思政课对于学生来说主要是用来放松的课程。专业课教师对于在专业课中融入思想政治的相关内容依旧存在极大的争议。因此，迫切需要转变教育观念、育人观念，强化责任意识。

课程育人既是思政课的重要任务，也是其他课程肩负的责任使命，是高校教师必须承担的时代重任。但是就这一问题，教师和学生都存在一些偏颇认识。或认为非思政课程旨在培养学生人文素养或科学精神，课程蕴含的思政价值元素稀缺、零散，挖掘和运用的难度大；或认为非思政教师对党的路线、方针、政策把

握不准、理解片面，且对思想政治教育理论掌握不多、认识肤浅，进行思想政治教育就是自曝弱点和短处，很难达到预期效果。

（三）教育教学方面的问题

1. 教师思想政治素养有待提高

我们知道，“行”的前提是“知”。“课程思政”与思政课程协同发展，最终落实到高校专业课程任课教师身上。在现阶段，要想能够使思想政治教育在专业课的课堂上进行普及，那么必须从根本上提升专业课教师的政治素养。这对于专业课教师而言是极大的挑战，因为这不仅需要专业课教师对于专业的知识有着极其深刻的理解，而且在思想政治教育方面也要有全面的认知。现阶段的专业课教师即使具有非常完善的专业课知识，但是在思想政治方面，绝大部分教师都无法达到理想状况。这也说明众多专业课老师的思想政治教育水平有待提高。现阶段大部分的专业课教师认为，“课程思政”的内涵就是将专业课当作思政课讲解给学生，然而“课程思政”的本质是要对学生进行潜移默化地影响。

2. 课程资源不足

由于高校提出了大思政理念下“课程思政”的改革，因此众多专业课教师为了能够贯彻落实这一政策，搜索查阅相关资料，但仍旧有部分专业课教师缺乏专业的思想政治理论知识，因此在对学生进行授课的过程中，往往无法找到与课程知识相匹配的教学资源。他们只能在课堂上生硬地穿插几条思想政治教育的相关内容，这也使得一些极具逻辑性的课程显得不连贯，不仅无法达成最终的目的，而且在很大程度上也不利于学生专业知识的提升。

3. 缺乏协作的桥梁

在现阶段，高校必须完善对于思想政治理论课的相关内容，在众多专业课中专业课教师也必须进一步提升自身的思想政治素养、充分发挥想象力、结合专业性的知识，将思想政治教育融入课程教学，推进高校思想政治教育工作的完善。这不仅需要各个专业院系的共同努力，也需要与高校思想政治教育工作的相关部门大力支持与配合，形成大思政的格局。现阶段，虽然我国根据前几年的发展总结出了一些经验，也取得了一点成绩。然而整体上的协同效率不足的问题依旧存在。部分高校为了能够更好地贯彻落实这一政策，为此设立了由众多部门负责人所组成的领导小组，然而在实施方案还是考核要求均有不足之处，缺乏主动探索与主动出击的魄力。同时，由于专业课教师与思政课教师缺乏互相协作的工作经验，因此同样也存在着很多问题，并且很多时候都是通过联席会议的形式进行交流，导致了众多问题无法得到有效解决。

4. 理论与实践相脱节

为了实现良好的教育教学效果，思政课程与“课程思政”同向同行目标的实现，离不开理论与实践统一。然而，部分教师在讲授思想政治理论课期间，更多地集中在纯理论知识，导致学生的学习积极性大打折扣。在专业课程的教学过程中，个别教师采取“填鸭式”教学方式，未融入该课程的思想政治教育元素，导致学生很难深层了解思想政治教育的相关内容。还有个别教师专注于专业基础知识的学习和积累，很少关注社会热点焦点，存在与社会现实不匹配、相脱节的现象。

（四）推进程度不平衡

两者协同发展的推进过程中，存在着不同地区高校与高校间的进程不平衡，同一高校学院与学院之间的进度不平衡，以及各学科课程与课程之间不平衡的现状，这是由于高校观念的不同，学院（系）重视程度不同，高校教师专业、思想不同等多方面的因素造成的。实现课程与课程之间的平衡，客观地说只是一种目标、一种愿景、一种努力的方向，平衡只是相对的平衡，不可能有绝对的平衡，只要我们广大教师在思想上重视“课程思政”的价值，在行动上给予“课程思政”必要的精力，我们就认为能实现思政课程与“课程思政”协同发展的理想状态。

1. 学校与学校之间的不平衡

上海地区高校推进“课程思政”的创新做法值得肯定和借鉴，但也说明了推进“课程思政”存在着地区与地区之间的不平衡，学校与学校之间的不平衡。地区之间的差距，以及学校之间的差距可以说是一个长期存在的差距，但是，我们不能因为差距存在的长期性而放弃改变差距、缩小差距的愿望和努力。差距的存在既有客观原因，更有主观原因，其中主观原因占着主导地位。从改革开放 40 多年来的实践中充分证明了，支撑着中国经济社会实现跨越式的发展最重要的动力源泉就是不断更新发展观念。高校的发展同样适用这种道路，高校发展的快慢同样受制于思想观念，国内近几年来崛起的不少高校就得益于观念更新。比如，华中科技大学（原华中工学院）作为一所以理工见长的工科类院校，20 世纪 90 年代开始，高度重视人文教育，率先在全国高校推进人文素质教育，理工与人文的融合，学校在短短的时间内快速发展起来，跻身全国高校第一方阵。因此从总体来看，在推进“课程思政”及实现“课程思政”与思政课程协同的过程中，目前存在着学校与学校之间的不平衡。

2. 学院与学院之间的不平衡

推进“课程思政”存在学院（系）与学院（系）之间的不平衡，主要体现在：一是重视程度不平衡，有的学院（系）重视，行动迅速，有的学院（系）不太重视，行动迟缓；二是推进力度不平衡，有的学院（系）积极响应中央要求和学校部署，采取有力措施鼓励和激励教师参与“课程思政”建设。“课程思政”的责任主体——教师的责任意识、创造意识得到充分发掘，而有的学院（系）停留在一般号召、一般布置，没有激发出教师参与的热情，“课程思政”的责任主体——教师的责任意识、创造意识没有激活，“课程思政”推进举步维艰；三是推进的成效不平衡，思想上重视、措施上得力的院（系）能够获得较多的项目、经费等资源，从而产出较多的“课程思政”成果，而思想上不重视、措施上不到位、行动上迟缓的学院（系）在项目、经费、成果等方面相形见绌等。

3. 课程与课程之间的不平衡

高校教师有学科专业之别、学历职称之别、思想境界之别等等。学科专业背景、学历职称高低、思想境界优劣都是影响“课程思政”实施的重要因素，但不是决定因素。在“课程思政”的教学实践中，教师自身的主客观因素可以通过自身努力得到改变。一直以来，在不少高校教师中，特别强调自身的学科专业背景，特别狭隘地把“课程思政”与专业课程教育对立起来。

（五）责任体系不健全

完善的管理制度和运行机制是促进高校思政课程与“课程思政”协同发展的重要保障。然而，受诸多因素影响，两者协同发展还存在机制不健全等问题。

高校是一个层级较为分明的教学科研组织机构，各个层级履行着各自的职责和使命。当一种新生事物出现之初，对其认识存在相对局限性，导致责任划分及责任配合出现“真空”。高校“课程思政”的出现，就其责任主体的层级看，主要有学校党委行政、教务处、教学院（系）、任课教师。在推进“课程思政”中如何明晰各层级责任，在考察大部分高校之后，我们发现很难在考察的高校中见到有健全的责任体系。虽然“课程思政”协同思政课程在推进，但大部分高校还处在比较混沌的状态，从学校党委行政看，大多停留在发文开会层面，以文件会议推进工作；教务处则以项目布置。在责任主体的核心环节——教学院系、教师，因为没有明确的责任要求，“课程思政”的推进大多出于自愿状态，教学学院、教师积极性不高。

（六）育人体系的联动效应尚未完全发挥

系统是马克思主义唯物辩证法中的重要范畴。系统中各子系统之间的相互联系、相互制约、相互影响的关系生成了系统特有的功能，而系统整体性功能的发挥也正依赖于各子系统之间的良性互动。但目前各育人资源之间缺乏联系，呈现“各自为政”的松散体态，体系的合力作用收效甚微。

1. 顶层设计不完善

在进行思想政治教学中学校尽管建立了联动育人机制，但是工作规划相对简单、抽象，思想政治教育的中心主题不明确，缺乏育人相关的具体目标、任务和分工说明，导致机制形同虚设，难以有效汇集思想政治教育力量。具体来说，各部门、各机构受困于各自所处领域的既有制度、体系和语言习惯，教育惯性影响难以突破，各育人资源分配度不高，缺乏信息沟通，育人功能出现重合，系统内部产生摩擦和内耗，子系统之间不但没有组成互为补充、互为支撑的稳定结构，相反还消减了育人合力的生成。其次，过度依赖国家政策、文件的指导，教学决策和推广生硬，缺乏自主性，难以实现真正意义上的合力育人。

2. 投入配比不协调

思想政治教育工作不管从其本质、特性和教育的内容方面来看，都属于“软工程”，但在教育过程中和方式的使用选择上需要依赖相应的硬性条件做基础。多数高校设有思想政治教育专项经费，但是经费的利用效益不高，专职思政教师、辅导员等的待遇较专业课老师不足，相关教育平台建设进度迟缓，与客观需求不符。另外，大多数高校在专职思政理论教师、辅导员的人员配比中严重失衡。

四、思政课程与“课程思政”协同发展的对策

（一）通过制度引导促进协同发展

“课程思政”与思政课程协同育人在院系之间、教师之间、课程之间的不平衡，可以通过制度机制的杠杆作用来达到相对平衡的状态。健全的制度机制在社会组织中起着规范成员行为、引导组织成员聚焦目标、激励组织成员开发潜力等作用，从“课程思政”与思政课程协同育人不平衡的三对矛盾化解方面来说，最主要的途径就是通过健全制度机制来破解，包括健全制度引导机制，发挥制度机制的导

向作用，引导全员重视“课程思政”建设；健全制度监督机制，强化过程监督和结果监督，整体提升“课程思政”建设水平；健全制度评价机制，褒扬先进，鞭策后进；等等。通过这些制度机制的健全和完善，有利于推动“课程思政”协同思政课程在院（系）之间、教师之间、课之间的相对平衡。

（二）通过政策倾斜促进协同发展

“课程思政”与思政课程协同育人在院（系）、教师及课程之间的不平衡，受制于多方面因素，包括教育教学观念、重视程度、建设基础等。其中“教育教学观念”“重视程度”可以通过观念更新教育、制度机制等途径解决，但“建设基础”既是至关重要的因素，也不是一蹴而就、一朝一夕就能够解决的。建设基础是长期积累的结果，高校各学院建设基础参差不齐，解决院（系）之间、教师之间、课程之间的不平衡，就必须充分考虑建设基础的问题，对于基础较弱的院（系）、学科专业、教师、课程要采取适当的倾斜政策，不能仅仅使用“一把尺子”，否则就会挫伤弱势群体的积极性，拉大发展差距，造成更大的不平衡。因此，从现实情况来看，通过政策倾斜解决院（系）之间、教师之间、课程之间不平衡问题，是一种切实可行的手段。

（三）通过项目示范促进协同发展

项目示范的形式多种多样，从组织管理视角看，可以建立不同层级的“课程思政”示范项目，如国家级、省级、校级、院（系）级，形成上下联动的“课程思政”示范项目体系；从示范形式看，可以组织思政“课程”学术研讨、示范项目展示、示范项目竞赛、示范项目评比等。总之，“课程思政”项目示范的形式多种多样，需要采取合适的形式促进院（系）之间、教师之间、课程之间的平衡发展，推动“课程思政”与思政课程的良性互动和协同。

第三节　思政课程协同“课程思政”育人体系

一、思政课程协同“课程思政”育人体系

（一）育人体系构建的必要性分析

长期以来，高等教育中价值引领作用的发挥被局限于思政理论课中，在非思政教育专业的课程领域尚且存在边缘化甚至是忽视思政教育的现象，这给高等院校思政教育工作的开展带来了巨大的挑战。为了有效解决思政教育与专业素质培育之间的错位问题，在各类课程教学中实现知识传授和价值引领的同频共振成为当前工作的重中之重，“课程思政”的推进适应了思政教育课程改革的需要。

其他课程协同思政教育是伴随着思政课程建设和改革过程始终的，“课程思政”理念也逐渐明晰和得以确立。第一个阶段依托教学各个环节强化思政教育，重塑青年学生对共产主义的理想信念。在 20 世纪 80 年代党中央和国务院就有了将高等院校部分课程，特别是一系列思潮课作为马克思主义理论课的补充的意识。在党的十二大报告中强调了共产主义精神的重要性。随后，教育部先后印发了《关于在高等学校逐步开设共产主义思想品德课程的通知》①和《关于高等学校开设共产主义思想品德课的若干规定》②，坚持以马克思主义指导教育工作整体推进，以马克思主义意识形态占领育人主阵地，削弱错误思潮传播的渠道。这一时期高等院校以一系列思潮课程和相关讲座讨论支撑马克思主义理论课教学，并且为了回应时代变革尤其是科学技术革命对思想领域的巨大冲击，哲学社会科学、微生物学、艺术类等学科依据自身特点从不同领域支持马克思主义理论课的发展。这个阶段其实已经折射出党和国家将高等院校其他课程和马克思主义理论课共同推进思政教育的倾向。第二个阶段，强调马克思主义理论教育与哲学社会科学的衔接。

（二）育人体系构建面临的困境

“课程思政”理念具有深厚的理论根基和现实依据，上文也有较为详细的论证，但这只是一个合理性维度的思考，其具体推进过程乃是我们关切的重点。开创“课

① 教育部 . 关于在高等学校逐步开设共产主义思想品德课程的通知 .1982 年 10 月 9 日
② 教育部 . 关于高等学校开设共产主义思想品德课的若干规定 .1984 年 9 月 12 日

程思政”协同育人新局面，需要厘清育人过程中遇到的各种实际问题，为“课程思政”的推进减少障碍。课程协同思政教育是一项系统工程，它涉及课程资源整合、教育主体协同和体制机制构建等诸多方面。树立问题意识，剖析当前“课程思政”开展过程中面临的一系列问题，才能精准而有效地实现各类课程和思政教育的衔接。

1. 各类课程差异明显，难以发挥“共振效应”

课程作为教学的重要载体形式，在各自的学科领域下设置了具体的课程教学目标，划定了课程教学的内容范畴，基于前两者形成了相关的课程评估体系标准。“课程思政”推进过程中首先面对的就是其课程覆盖面广泛的实际情况，“课程思政”与原有课程之间衔接精准度不高是当前工作面临的一大困难。在不了解各类课程原有教学目标科学化和教学内容专业化的基础上，都种好“责任田”发挥思政教育功能是当前切实贯彻“课程思政”协同育人的重点和难点。就目前状况来看，原有各类课程在教学目标和内容等方面存在明显差异，冲击了“课程思政”目标的实现并且挤压了“课程思政”育人空间，同时这也是各类课程协同过程面临的现实问题，此外，课程协同还面临以下诸多困境亟待破除。

（1）各类课程教学目标差异明显，冲击理想目标的实现

相对于国家人才培养目标和学校培养目标来说，课程教学目标作为微观层面的教育目的指导着教学实践，它规定了教学知识范畴及学生能力培养方向，是趋向具体化的培养目标，各类课程教学目标差异显著，分别着重于学生不同的发展方向。这一客观现实本身就增加了从各个较为具体化的课程目标中整合“课程思政”教学目标的难度，冲击了“课程思政”协同育人理想目标的实现。当前，我国高等院校课程体系庞大且在具体教学过程中不断调整，课程目标也以所属学科为制订依据而具体切实贯彻，大多数任课教师都将重点放在如何实现本课程教学目标上，在这样的宏观背景下要凸显“课程思政”目标不会自发实现。

首先，从动态发展过程来看，伴随着学科、课程的分化与综合，有所涉及的课程会将绝大部分的精力置于课程目标的调整和重构上。科学的变革和发展是导致学科和课程综合与分化的直接原因，科学是对自然界、人类社会，以及人类思维纵深发展的回应，其中渗透着文化价值观和意识形态等诸多因素。学科和课程作为科学在学校教育领域的重要表现形式，相应地，也随着科学的发展与变革而调整。新技术革命的开展和劳动分工的不断精细化，为学科、课程的分化提供了有效促进力。科技、社会发展日益复杂化，高等院校课程的综合趋势集中体现在

交叉学科的出现，横向上的微生物学和人文社会科学之间及两者内部的交叉，纵向上的基础理论研究和应用开发研究之间的融合。在课程的分化与综合过程中，课程设置会随之发生调整，教学人员会将重心放在相关课程目标的实现上，并不会去探寻课程的文化底蕴和剖析课程蕴含的价值观目标。因此，这无疑在部分所涉课程范围内使得“课程思政”目标被冲散甚至边缘化，难以运用课程载体实现协同思政教育目标的实现。

其次，各类课程教学目标差异显著，如何在众多课程目标中凝聚“课程思政”目标是当前实际教学面临的难点。高等院校教育树立起“学科高墙”，各个学科领域下的各类课程目标具有明显的学科分界感。在现代化教育背景下，我国高等教育实施的是划分学科、明确专业的教学模式，致力于培养符合社会需求的专门化人才。这种培养模式的合理性于学生而言在于为其步入工作岗位提供一个恰到好处的衔接点，快速适应角色的转变，使其在短时间内增强职业获得感并寻找到个人价值。各个专业学科尤其是理工科设置的课程目标多以技术知识和实践运用为导向，这与当代社会分工精细化不断加深的时代背景相契合。在功利主义、实用主义价值取向的冲击下，要想将各个专业课程置于思政教育目标实现的统筹之下，关注并且实现教育对象的思想认知、道德情感和价值观等诸多维度的目标，从当前实际情况来看还存在着不同程度的“缺位”。各类课程目标培养指向明显，具有差异性和排他性，在追求专门化育人目标的过程中可能会导致“课程思政”目标被持续边缘化，冲击依托课程实现思政教育育人目标的现实可能性。

（2）教学内容庞大，增加了精准挖掘思政资源的难度

当前我国高等教育采取划分学科、分门别类的专业化育人模式，各门各类课程具有鲜明的学科属性，其中承载着众多的专业知识内容。高等院校各类课程知识体系结构相对稳定，以既定的教学内容为着力点遵循相应的教学规律塑造专业人才。所以就课程教学内容而言，各类课程的教学内容因学科专业领域不同而呈现出显著差异性，各自研究的问题领域和话语方式也存在着明显的专业界限。如何保持专业知识教育和思政教育两者之间的平衡本身就是一个尚待进一步有效解决。在“课程思政”背景下，将课程体系这一整体框架置于价值观培育的合理性维度之中，这无疑给“课程思政”育人要精准挖掘思政教育资源带来了实践环节的难度。

当前高等院校教学普遍存在“学科高墙”和“专业壁垒”，难以在众多课程内容中甄选出思政教育内容。进入新时代，党和国家比以往任何时候都重视思政教育，强调要将思政工作贯穿于教育教学全过程，将思政之“盐”融入教育之汤，

以期实现立德树人的根本教育目标。不难看出党和国家对思政教育的定位，不再局限于隐性思政教育范畴，而是要将其他课程尤其是专业课纳入思政教育作用的范畴，将其逐渐构建成一门“显学”。但从“课程思政”实际推进过程来看，其现实状况并非如先前设想那般乐观，最为明显的就是“课程思政”依然会陷于“形式化”之中。一方面，是源于思政教育自身的“形式化”问题突出，继而影响高等院校整个学科体系对于“课程思政”的认同感；另一方面，是在实际教学过程中任课教师不能精准划定能够有效进行思政教育的内容载体，难以避免自圆其说的情况而降低了“课程思政”的说服性。虽然各门学科和各类课程都承担着育人的功能，但也正是这种学科界限使得课程教学内容丰富且各具特点。“课程思政”要想作用于各门学科和各个专业课程，其重要一环就是如何根据课程特点寻求思政教育的“切入口”，明确哪部分课程内容能够精准地与思政教育进行有效衔接。如何依托教学内容在各类课程中寻求思想认知、道德情感、意识形态和价值观教育，成为当前“课程思政”有效推进过程中的首要破解的现实问题。

2. 专业课程缺乏价值引领，模糊了“课程思政”的内容范畴

（1）专业课教师对“课程思政”的认知不到位

长期以来，思政教育工作都面临着思政课和专业课“两张皮”的现实难题，如何扭转思政教育在专业知识课程领域被边缘化的局面是当前工作的重大任务。各教育主体特别是专业课教师对“课程思政”理念的价值认同不够，如何完成思想理念上的“破冰”，将这一新的教育教学理念自发自觉地运用于课程教学实践当中仍是关键问题之所在。

专业课教师作为学校教育的主要力量与学生进行直接的、频繁的互动，他们对“课程思政”理念的认知度和认同度将在很大程度上影响“课程思政”实效性。专业教师对“课程思政”认知不到位主要体现在以下两个方面。其一，模糊了思政课程和“课程思政”的辩证关系。把握思政课程和“课程思政”的关系是贯彻“课程思政”理念的前提，但很多专业课教师都没有充分认识到两者在目标和任务的共性，以及两者教学内容的相关性。部分专业课教师没有意识到自身在引导学生价值观形塑方面的重大作用，视知识传授和价值领域视为对立的目标追求，将思政教育功能的实现归于思政课教学领域。其二，对于“课程思政”价值认同的偏离，有的专业课教师甚至质疑“课程思政”价值是否存在。在划学科分门别类的教学模式下，单学科育人的固化思维仍存在于部分专业课教师头脑之中，将思政教育的价值观引领和意识形态形塑视为思政课教师的责任，对于自身的教学任务定位为知识和技能的传授，并且在专业技术性较强的某些理工科院系，其专业课教师对该学科是否具有思政教育功能存在思想困惑，大多倾向于从事单纯的教学和科研活动，从而将“课程思政”理念切实贯彻和思政教育目标实现排除在自身工作范畴之外。对“课程思政”主观认知上的缺陷必定会导致专业课教师难以融入全员、全方位、全过程育人的思政育人的格局之中，推进专业课教师思想理念层面的“破冰”是实现“课程思政”协同育人的工作要点。

（2）专业课教师开展“课程思政”能力不足

将思政教育巧妙嵌入专业课程教学中是对专业课教师能力的一大考验，专业课教师的能力和素养是影响“课程思政”效能的核心变量。要实现思政教育“基因式”融入专业课程教学之中，既要求专业课教师有过硬的知识储备和专业技能，又需要其具备有效衔接思政教育的理论素养和开展专业思政教育的技巧。显然，从总体范围来看，专业课教师诸方面的能力存在不同程度的欠缺。

“课程思政”对专业课教师提出了更高的能力要求。一是具备过硬的思政素养，专业课教师要遵循社会主义办学方向和正确的政治方向，对教书育人保持极高的热情和强烈的使命感。思政素养是激发教师自我完善的内在动力，对教师的科学文化素养、专业技术素质等方面起着方向引领的作用，这正是“课程思政”强调知识传授与价值引领并行对于教师素养的本质要求。二是掌握一定的马克思主义理论基础知识，专业课教师要想在教学中渗透思政教育，足够的理论知识贮备和理论敏锐度是基本前提。要想达到“课程思政”对专业课教师所期许的理论素养标准，用理论武装自己的头脑才能在实际教学中说服学生，才能以完善的“课程思政”教学逻辑提升学生的认同感和获得感。三是掌握依托专业课程进行思政教育的技巧和方法。这要求专业课教师在一定程度上掌握学生的思想认知发展规律和思政教育教学规律，发掘专业知识与思政教育的内在相关性，这是推进“课程思政”的实践保证。在这种多维能力体系要求下专业课教师仍然在以上几个方面存在着能力短板，受学习和工作环境的影响，较难在短时间内从根本上改变这种现状。其一，受学科专业背景的影响，大多数专业课教师未经系统、科学的马克思主义理论教育是客观事实，在理论知识贮备和理论驾驭能力等方面存在明显劣势。其二，长期以来重专业知识教育和技能传授，忽视价值观引领的局面并没有从根本上得以扭转，思政教育的“孤岛”困境使得专业课教师缺乏提升自身思政教育技能的内在动力。如何化解专业课教师对“课程思政”的认同危机并且促成他们在实践教学环节切实贯彻思政教育对能力有着更高的要求。因此，突破专业课教师开展“课程思政”的能力局限，建立“课程思政”长效学习机制势在必行，唯有如此才能让专业课教师达成对“课程思政”“真信”和“真教”的理想状态。

（3）教育主体之间协同、效力不足

“课程思政”要求充分利用好课堂教学这一主渠道，促成各类课程种好思政教育“责任田”，“课程思政”育人效力的发挥既取决于其育人系统构成要素各自的存在状态，又取决于系统各要素之间的相互作用程度。以课程协同实现思政教育改革涉及教育教学各个环节，需要在学校党委的牵头带领下，通过各专业院系和思政教育行政工作部门共同搭建“课程思政”平台去鼓励和引导思政教师和专业教师开展教研讨论，凝聚思政专业和其他专业的育人合力。换言之，“课程思政”教学实效性的提升需要高等院校内部各部门创设协同育人环境，加强思政课教师和专业课教师之间的交流与协作。从整体上看，“课程思政”教育主体的协同力度不足是现实存在的客观实际。

首先，从思政教育管理层面来看，学校党委、宣传部、团委、教务处和学工处等职能管理部门还未明确自身在“课程思政”建设中的职责。有的高等院校响应“课程思政”改革，设立了由多个部门的核心人员组成的领导工作小组，但由于难以制订管理方案和实施细则而被搁置起来，小组工作名存实亡、流于形式。学校管理层面相关工作的欠缺给“课程思政”科学化、规范化运行带来了难度。其次，从教师教学环节来看，思政课教师和专业课教师由于各自的教学任务不同并且存在课程定位差异，两者的教学活动几乎处于平行的状态，缺少有效的沟通交流协作。即便是两者有意识自发地去尝试交流合作，也会因为各自固有的思维模式局限而难以打开有效交流对话的切口，加之各自时间精力有限，特别是各专业课教师教学科研任务繁重而导致常态化的有效沟通难以持续。再次，从各院系之间的协作来看，马克思主义学院应该在学校党委的带领下积极主动开展与其他学院的沟通对话，从学院整体布局的维度将“课程思政”纳入发展规划之中。然而，从当前的实际工作情况而言，虽然有马克思主义学院在“课程思政”推进中具备发挥协同引领作用的实力，但其他学院特别是理工科学院的配合度不高，学院之间难以建构有效的协作平台。最后，从校际的合作来看，主要通过交流座谈会的形式将重点集中在各自“课程思政”建设具体内容的展示和经验的分享，这种合作模式下积累的经验过于抽象和泛化，很难让一线教师体验到“课程思政”教学各个具体环节设计的精妙之处。所以学校之间急切需要加强师资队伍的双向流动，提供教师观摩学习“课程思政”特色课程的机会，体验课堂教学的真实情境，真正将彼此的交流学习效果最大化成为校际需要突破的重点。

二、思政课程协同“课程思政”育人体系构建理念

（一）共情：强化价值引领

价值引领有着强大感召和激励作用，科技创新、全球化互动正在改变着我们的生活状态和交往方式，充分发挥社会主义核心价值观的价值引领作用是当前应对多元思潮冲击的“强心剂”，是维护我国一元意识形态的“稳定器”。在社会主义核心价值观的共建共享下，我国越来越多的公民自觉地建立起强大的“中国信念”，培植起深厚的爱国主义情怀。一个群体内部具有强大的价值导向吸引力，可以强化主体的角色意识，明确责任边界，增强群体凝聚力和自信心。从思想政治教育的学科特质来看，思想政治教育与其他社会微生物学不同，其实质是在观念、思想、精神层面对公民进行影响、改造的哲学社会科学，是知识内化与行为外化的双重同一。在开展思想政治教育工作时，更要充分认识到价值引领的重要性。高校全方位思政育人体系的创建，首先需要明确体系中主体要遵循的共同的价值原则和导向，始终把立德树人作为贯穿所有环节的“红线”，牢牢把控正确的教育教学方向，抓住学生与教师这两个主体，在“共情”中强化思想政治教育主体对自身身份的认同感，打通各主体间的情感通道，激活其主体育人力量“心往一处想”的同时，确保最终形成的思政育人体系合乎规范，向着正确的道路和方向迈进。

（二）共建：挖掘资源功能

思想政治教育从来都不是由单独存在的几个点所构成的，它不仅仅是高校或者专职思政理论课教师的专属任务，或是只局限在课堂之内的工作，而是一个由多因素教育资源联动参与其中产生作用的有机系统。马克思主义系统观告诉我们在认识、处理和改造事物的过程中，要以整体、全面、立体的眼光代替线性思维，要注意事物的各个方面，遵循其层次性，分析层次数量、顺序对整体功能的约束限制。在高校全方位思政育人体系的开展构建过程中，要充分发挥能够对思想政治教育发力的每个子系统的育人功能，务必要深入各个角度来对思政育人资源进行评估整理，拓宽思政教育渠道和方式，尽可能地做到在提升高校思政育人工作的资源选择空间，在提供创新教育平台和手段的同时，无死角、无断层地提高育人资源的价值功能，在“共建”中增强推动实际效能最大化，强化高校思政育人体系的可操作性。

（三）共进：坚持协同联动

在各要素单独孤立存在时，拥有其特殊意义内涵的“质”，但因为某种联系与其他部分相结合成为一个整体而存在时，其个体的“质”就会转变为大于原质的新质。体系化是实现思想政治教育真正价值性的本质要求。在价值诉求明确、导向一致的情况下，高校全方位思政育人体系的优化必须厘清各子系统之间的工作机理和内在联系，实现各部门、各机构间的资源共享互通、信息交流互动，才能最大限度地发挥出高校全方位思政育人体系的整体功能，将高校全方位思政育人体系健康持久地运行下去。因此，不仅要在顶层设计中，通过规划、分工构建齐抓共管的管理格局，也要统一领导，降低各育人资源之间的重合性，减少内部消耗。在人力、物力合理分配上，要从制度建设、学科支撑、教师队伍建设中完善保障机制，促进各育人资源同频共振、纵向延伸。而且，最关键的是在强化内生动力建设上，要从动机激励、过程监督、结果评价体系中加强高校全方位思政育人体系的反馈调节机制，提升体系内驱力，不断推动体系实现更新升级。也只有这样，才能推动各机构、要素由条块分割在协同联动中走向一体化建设，促进全方位思政育人体系的可持续发展。

三、思政课程协同“课程思政”育人体系的价值导向

立德树人是我党对我国教育现状进行宏观把控，总体关切后提出的方针战略。在全方位思政育人体系的构建过程中，要始终秉持立德树人的价值导向，明确立德树人与思想政治教育之间的逻辑关系，将其培植于育人主体的自觉意识中，凝聚共识与力量。坚定以立德为根本，立大德、立公德、立私德；以树人为核心，培养有实践能力的、有世界眼光的、有实践能力的担当民族复兴大任的时代新人，使高校思政工作真正纵成一条线。

（一）坚持立德树人的价值导向

1. 立德树人是社会主义高校的立身之本

长期以来，高等院校承担着源源不断地向社会输送大量人才的任务。中国特色社会主义高校是在中国共产党的领导下，在马克思主义理论的指导中建立发展起来的，强化对中国共产党的认同，是保障全国各族人民同舟共济，实现国家伟大复兴的根本所在。对于违背中国共产党的领导，危害中国共产党的言辞、损害中国共产党的行为，必须坚决打击与遏制，这是全国人民的政治底线，更是凝聚

人民共同意识的关键保障。要牢牢把握住人才培养的核心，将党的教育方针政策贯彻落实到具体的工作实践之中，面向广大学生，坚持立德树人，进行深度的马克思主义理论教育工作，以主动的姿态进行舆论引导，增进大学生对理论的认知与认同，使其树立科学的马克思主义信仰，这不仅事关大学生的健康成长和全面发展，更事关党和国家的发展后劲和前途命运。中国共产党是用共产主义远大理想与中国特色社会主义共同理想凝聚的马克思主义政党，增进大学生对中国共产党理想信念的认同，意味着将中国共产党人的理想信念转化为大学生自身的理想信念，即大学生以科学的马克思主义信仰，投身中华民族伟大复兴，追求共产主义远大理想。

2. 围绕立德树人构建全方位思政育人体系

从目的性质上看，立德树人不仅强调德行的培养，更加强调成人的塑造，这与思想政治教育工作旨在实现人对"物的依赖"向"自由个性"回归的本质是一致的。落实在三个层面就是理论精神层面、制度法规层面及实践活动层面。在理论精神层面中主要包括了教学课程、校园文化及审美艺术三个方面；在制度法规层面中包括了相关法律规范、规章制度机制及管理服务三个方面；在实践活动层面包括了整体合力、礼仪规范及实践活动三个方面，这些内容均与高校全方位思政育人体系的创建之间具有严密的契合性。因此，高校要始终紧紧围绕立德树人这一价值导向对全方位思政育人体系进行建构。

（二）以立德为根本坚持德育先行的原则

1. 立大德：铸牢理想信念

以立德为根本，坚持德育先行的原则，首先要求立大德，铸牢理想信念。所谓立大德，指的是要铸造大学生坚定的理想与信念之德。大学生作为社会主义事业建设的生力军，崇高的道德水平与修养是最为基础的发展要求。在国内外多种思潮暗流汹涌的当下，一些西方国家及破坏民族团结的不法分子质疑马克思主义理论的科学性、质疑社会主义制度的优越性，企图对我国进行分化、西化。在充斥着鱼龙混杂的海量信息的互联网环境之中，在一定程度上对求知欲强、"三观"正处于成型期的大学生在塑造坚定信仰和民族自信层面造成了一定影响。如果大学生不能树立正确的理想道德信念，那么在成长过程中极有可能会被外界的诱惑所腐蚀，甚至可能会自甘堕落。因此，在高校全方位思政育人体系的创建工作中，必须要紧紧围绕立大德这一根本要求，将理想信念的塑造置于首要的地位，引导学生厚植爱国主义情怀，热爱和拥护中国共产党，践爱国之行。

2. 立公德：严守社会公德

以立德为根本，坚持德育先行的原则，其次要求立公德，严守社会公德。社会公德有效调节人与人之间的利益冲突和矛盾，是营造良好社会风气的一般方式。大学生作为社会主义事业建设的主要后备接班力量，每一个个体所代表的都是整个高层次人才群体的形象。在校园这个“小社会”的环境中，推动其养成良好的公德习惯，可以帮助大学生在更好地适应社会规则的基础上发挥模范带头作用，推动整个文明社会风气的营造。就当前情况来看，校园失德、失信情况时有发生，甚至一些违背社会公德的行为产生了群体性蔓延的迹象。例如，拖欠助学贷款、破坏教室公共环境卫生、逃避参加集体活动、缺乏集体荣誉感等，在校大学生的社会公德整体水平仍然需要进一步的提升。因此，在高校全方位思政育人体系的创建中，要注重社会道德的浸润，引导当代大学生严格遵守社会公德，培养塑造其社会责任感和感恩之心，积极主动承担起当代大学生的社会责任，对我国良好社会风气的营造起到表率的作用，发挥应有的价值。

3. 立私德：培养高洁品质

以立德为根本，坚持德育先行的原则，最后要求立私德，培养高洁品质。培养高洁的个人品质，是高校全方位思政育人体系创建工作的价值追求，也是一项重要任务。教育工作不应在任何一个环节出现缺失，在实际教学实践活动当中，对大学生的整体评价与衡量标准也同样应当以此为准，要把思想认识作为人才评价的重要部分，尤其是将个人道德的呈现事件和动态变化作为不可或缺的衡量因素，而不是把理论专业知识课的成绩作为评价学生的唯一硬性标准。

（三）以树人为核心培养担当民族复兴大任的时代新人

1. 培养有实践能力的人

在思想政治教学过程中，是对大学生的思想观念进行影响的过程，但最终还是要回归到实践领域，将其外化为推动社会发展的具体行动。高校思政育人工作，在原有“德智体美”的人才培养目标基础上，增加了“劳”这一表述，充分彰显了我党对于培育时代新人实践能力的要求。在革命年代有勇于牺牲自己，成全大局的革命者；在建设时期有兢兢业业、勤勤恳恳的建设者；在新时期，也需要有不到长城非好汉的时代新人为社会主义事业添砖加瓦。实践活动能力的培养是不可缺少的环节，要能使学生把书本层面的知识真正意义上的转化应用到实践活动中之中，为大学生道德行为规范的养成起到纠偏作用，将理论知识转化为真实能力，让大学生在自主解决实践问题中提升自身的素质水平。

2. **培养有世界眼光的人**

全球化形势对我国社会主义建设事业的推进也产生了一定的影响。自改革开放以来，“走出去”的战略思想便在我国孕育并不断发展；2018 年宪法修正案中将“推动构建人类命运共同体”纳入宪法序言之中，要对大国合理关切，以本国的发展来推进各国的共同发展。种种迹象表明，中国特色社会主义事业的建设工作，与国际形势、世界发展之间的关联是十分紧密的。“得其大者可以兼其小”，高校全方位思政育人工作要把培养学生的世界眼光，提高大学生的战略敏锐性作为目标之一，在学生正确认识世界、评价世界的过程中教育、引导学生，使大学生能够以客观、理性的眼光看待世界发展，明确趋势，找准位置和切入点为国家繁荣复兴添砖加瓦、贡献力量。

3. **培养有创新能力的人**

创新是社会进步的驱动力量，大学生是我国高等教育的培养对象，是社会建设的活跃力量，创新能力对于大学生而言至关重要，只有创新才能够深入地挖掘科学的本质，才能为社会的进步注入灵魂。在高校思政育人工作中，要对大学生进行渗透教育，向大学生传递创新的思想观念，培养新时期大学生的创新性思维，为社会发展培育先进力量。当代大学生要走在时代的前列，要有怀疑和批判精神，打破思想束缚，才能不断获取突破性的进展。为了能够培养具有创新能力的大学生，在高校思政育人体系的创建过程中，既要以创新性的思维作为指导，对以往的教育理念、教学机制、教学方式方法进行创新和转变，学习更加先进的技术，为思政育人工作创造更多的新意，在无形中感染和熏陶大学生的思想，又要让大学生参与到与双创相关的活动之中，培植打破陈规、推陈出新的意志品质。

四、思政课程协同“课程思政”育人体系的保障机制

（一）规范工作规划严格育人制度建设

华中科技大学在“党旗领航工程”中重点强调制度护航对高校育人工作的重要性，从顶层设计、社区育人、条件保障三方面入手，旨在为高校育人工作指明方向。复旦大学在对标教育部相关文件精神的基础上，聚焦育人体系深化改革。通过分析明确学生、教师、管理人员等不同主体在育人体系中的任务要求，加大对已有

制度的执行力度，建章立制推广基层育人模式，提高育人质量。完善的制度体系能够为高校思政育人工作的开展提供执行依据和基础参考、规范秩序，是全方位思政育人体系得以有序运行的基础支持，是控制和约束体系规则、模式、发展趋势和走向的有力手段。将育人工作上升为制度，不是要禁锢育人主体的思想和行为，而是更好地保障主体的根本权益，为其主观能动性的发挥保驾护航。严格高校思政育人制度建设有利于推动知识体系、主体关系、资源分配的规范化和透明化，有利于激发育人主体的育人热情和保护育人主体的劳动成果。在“课程思政”协同思政课程全方位育人体系制度建设过程中，首先，要求高校要正确解读并理解党中央、国务院及教育部所下发的相关政策文件，结合历史经验和传统。其次，坚持分层原则，结合学校、各部门、各院系的具体教学情况和教学需求，坚持自律与他律、外部约束和内部约束兼修，对各个教学部门、组织管理机构的工作责任、职权范围、工作目标与任务等方面的情况进行说明与规定，为思想政治教育工作的开展提供确切依据。再次，坚持分众原则。根据不同育人主体育人的需要，和不同育人资源的特点找准育人着力点，参考实践案例建立配套等级标准。最后，优化教育部出台《思想政治工作专项资金管理暂行方法》①，突出抓重点、补短板的原则，在深化绩效审核的基础上，简化申报程序，加大投入，着力破解发展不平衡的问题，实现高校教育治理能力现代化。

（二）坚持改革创新加强育人理论研究

科学的理论是实践经验的理性总结和升华，蕴含学科逻辑和思维，是实际践行的指南针，对实践具有巨大的指导作用。但作为理论来源的历史实践总是处在不断变化与发展之中，理论的科学性、严谨性建立在对实践变化的正确认识和不断创新更迭中。东华大学实施德育研究提升工程，聚焦思政育人过程中存在的重难点，如课程内容、教学方法、考核方式等，组建研究团队，其目的就是为一体化思政育人提供理论支撑。全方位思政育人体系的创建工作应当以扎实的理论知识作为遵循和依托，不断提升思政育人理论的研究水平，推动育人理论的更新发展。首先，要引导高校师生主动地投入对思政育人理论研究成果的学习之中，包括以往的研究成果及最新的研究动态，以理论知识武装自己，全面提升知识储备，克服经验本位的工作惯性，为思政育人教学工作的全方位开展做好充足的准备。其次，高校要创建思政工作创新及理论研究中心。坚持改革创新的力度，提升对育人理论研究的整体水平，将研究中心作为教师思政育人理论的交流中心，打造思政集

① 教育部．高校思想政治工作专项资金管理暂行办法 .2018 年 9 月 6 号

体备课平台，围绕党的建设、思政教育、意识形态工作等相关的理论知识及实践中的运行情况展开全面的研究和探索。在指导教师将所学所接触的理论知识投入实践中加以应用，在实践中检查验证普遍理论的适用性的同时将所得的个别经验重新进行理性整理形成普遍理论，在科学理论知识与实践教学经验两者之间建立紧密的联系。

（三）加强师德师风优化教师队伍配置

复旦大学在党委领导下开展“强师行动计划”，创建“三关心一引领”模式，全方位提升教师理论教学水平。此外，还将师德师风作为新时期优秀教师育人队伍的首要标准，以“全国优秀共产党员”钟扬同志为学习典型，开展榜样宣传教育活动，引导本校教职工在奉献、服务与担当中钻学问、修品行。南开大学搭建教师成长平台，成立教师发展协会，从人员机构配置及思想理论水平等层面对教师队伍进行优化，鼓励中青年教师参与“择优资助计划”、创新示范团队等项目，助力教师成长发展。在全方位思政育人体系中建立一支强有力的思政育人教师队伍，首要工作便是提升教师的道德自觉，道德自觉性的高低直接关乎教师在工作中主观能动性发挥的程度。要加强对全体教师思想层面的宣传教育。关注教师的思想动态变化，督促教师认真履行职责，根据学校相关教学制度，贯彻落实党的政策与方针，保持健康的思想状态及正确的行为方式，为学生树立榜样，对学生进行行为实践的教学。学校要对思想政治教育的专门人才进行大力的培养和选拔，建设一支专业化、职业化的思政教师队伍。鼓励教师自觉和主动学习先进地区、国家的最新知识体系、实践经验等。组织教师参加思政育人为主题的座谈会，互相交流、分享实践教学活动中的成果，互相学习，共同进步。邀请思政育人领域内的专家在学校开办讲座，评选“优秀示范课”“思政精品课”，并在线开放、共享等。最后，抓住关键少数优化教师配置。在教师与学生的比例上，严格遵循专职思政工作人员和党务人员应不低于百分之一，专职辅导员岗位按不低于二百分之一，心理咨询教师不低于五千分之一的方案优化高校教师配置，满足思政工作开展要求。

（四）建立协同育人机制形成育人合力

1. 协同育人机制的必要性

（1）新形势带来高校学生思想政治教育新要求

首先，许多西方国家对我国的态度和看法也悄然发生了变化。一些不法分子利用网络、视频、电影、游戏等方式，向青年人宣传暴力、色情、低俗信息，传递不健康的价值观念和不良生活习惯，让许多年轻人沉迷虚拟世界，变得颓废、自私、功利，逐渐丧失了生活斗志和人生方向。而高校学生思想政治教育要做好长期与这些敌对势力和不良信息做斗争的准备，必须从国家和民族发展的高度，把握协同育人的责任和使命。使大学生在纷繁复杂的国际形势变化中，能够辨明是非、坚定站位；在伟大理想实现和历史责任担当中，能够把握方向，不迷失自我。

其次，是高校落实立德树人根本任务的必然选择。国无德不兴、人无德不立。德如何立，人如何树，不是一个严谨的逻辑论证或一次完整的科学实验就能给出答案的，要从育人实践中总结经验、发现规律、形成科学认识。这就要求高校从时代担当和时代使命出发，深刻理解和认识立德树人的内涵，从国家和民族发展的高度将德育摆在首位，两者相互配合、互为支撑，良性互动、协同育人，提高高校学生思想道德素质，培养社会主义现代化建设所需的高素质人才，进一步推动新时代历史任务的完成。

最后，技术迭代和网络更新对教育方式的影响越来越深刻，截至 2020 年 6 月，我国网民数量已经达到 9.4 亿人，其中学生群体最多，占到 23.7%的比例。因此，我们从教学方式上进行改革创新，要协调好线上课堂、实体课堂、实践课堂、校外课堂等多个课堂教学，借助视频、慕课、动画、微信公众号等多种新技术手段，适应学生的接受喜好，提高高校学生思想政治教育的吸引力和亲和力。

新形势的发展，要求思政课程必须调动起所有的育人主体，挖掘更多的思想政治教育元素，建立德育共同体，形成育人合力，通过显性教育与隐性教育相结合的方式帮助学生塑造正确的世界观、人生观、价值观。在经济全球化、政治多极化、文化多元化、网络信息化背景下，只有紧紧抓住高校思想政治教育教师队伍“主力军”、高校一流课程建设“主战场”、高校所有课堂教学“主渠道”，让所有高校、所有教师、所有课程都承担好育人责任，才能“守好一段渠、种好责任田”，使各类课程与思政课程同向同行，将显性教育和隐性教育相统一，知识教育、能力培养与价值引领相统一，形成协同效应，构建全员、全程、全方位育人大格局。

（2）当前高校学生思想政治教育需要协同创新

第一，高校持续扩招对教育教学质量产生压力。高校扩招政策的制定，其初衷是为了给更多人接受高等教育的机会，促进整个社会的教育公平，既让年轻人享受到高等教育带来的福利，也能缓解社会就业压力，这些大学毕业生在国家各行各业的建设中承担了重要任务，成为我国科技创新的动力源泉。但由于持续的扩招造成学生数量增多，高校原有的教学场地、教学设备、师资力量逐渐无法满足这种大规模的培养需求，使社会对高等教育人才培养的质量产生担忧。

目前思想政治教育队伍缺编、缺岗的现象使教育工作面临巨大的压力，如果仅依靠一方力量或一支队伍的力量，必然是无法完成庞大的教育教学任务。只有整合队伍、资源和平台，让各个队伍相互配合、相互支持，才有可能在人员不足的情况下保质保量地完成高校学生思想政治教育工作。另外，职能化分工也需借助协同力量提高效率。

第二，各部门职能的精细化管理，力求全面覆盖思想教育和学生工作范畴，确保教育教学的工作质量，为学生提供全方位的服务。但这一举措也在一定程度上造成了各职能部门之间的隔阂，处于基层的各科室部门由于分管不同工作，交流和沟通成本相对较高，彼此能合作配合的机会也较少，即使需要多方合作时，也因为相互不熟悉各自的工作流程，导致工作效率延缓。其次，高校学生思想政治教育工作作为一个复杂连接的整体系统，某一项工作很难划分为某个部门单独的职能和责任，如学生的心理问题，可能需要联合学院、心理咨询中心、后勤公寓管理中心、保卫处等多个部门的师资力量，对学生进行集中分析，找出问题背后的原因，并从各个环节对学生进行监督反馈，确保学生的安全和心理健康。再者，由于工作职能划分的精细化，许多学校将思想育人的工作都压在了辅导员和思政课教师的头上，但育人工作是高校“全员”的责任，需要其他教职人员的配合和协助，一味强调职能精细化管理，反而会造成一些部门机构冗杂、人员过多，出现忙的部门被事务性工作缠身，闲的部门又人浮于事，真正干事的人很少。究其原因，还是在这种部门职能精细化管理的背后，上下级关系的金字塔式结构导致信息沟通不畅，无法形成统一的领导和工作分配机制。

2. 协同育人机制的可行性

尽管思政课程与“课程思政”在功能定位、课程目标的各方面有着不同，但是由于二者存在教育教学对象一致性、教学内容方法互补性、教学终极目标共通性和承担责任使命趋同性，都强调课程的思想政治教育功能，因而同向发力、协同育人具有完全可能性。

（1）工作目标的一致性

工作目标是一切行动的出发点和前进方向，是指开展某项工作想要实现或取得的预期目的。从国家层面而言，全国高校通过课堂教育教学、日常思想教育、学校服务管理等环节和渠道，开展思想政治教育的最终目标要全面落实立德树人根本任务，以社会主义核心价值观为引领，正确引导高校学生健康成长，把新时代高校学生培养成中国特色社会主义事业的可靠接班人和合格建设者。

具体而言，思想政治理论课作为直接面向高校学生进行马克思主义理论学习的“第一课堂”，承担着传授系统性、专业化的学科教育任务，通过摆事实、讲道理，把晦涩难懂的语言讲得通俗易懂，把精辟深邃的哲理讲得具体生动，把深奥抽象的理论阐释透彻明白，促进思政课质量水平提升，着力于增强高校学生的政治素养和国家认同，帮助他们树立正确的“三观”，培养其良好的思想道德品质，而日常思想政治教育主要在于“第一课堂”之外如何担负起实践育人任务。类似于班级学风建设、党团活动开展、心理健康咨询、就业规划指导等，都是为了让青年更好地成长成才，有效地解决包括思想困惑之外的现实问题。从中可以看出，要想实现青年的全面健康发展，两者缺一不可，否则会阻碍高校学生思想政治育人目标的最终实现。

（2）教育对象的一致性

思政课程与“课程思政”均以新时代高校学生为教育对象，教育对象具有鲜明特征。一是自我独立意识较强，崇尚自我、注重自我，喜欢特立独行，但部分集体观念淡漠、责任行为弱化，团结协作能力不足。二是思想活跃、思维敏捷，但社会实践活动参与偏少。三是感知世界的方式方法新颖多样，内心感知异常丰富，但信仰信念不坚定，心理素质偏弱，应变能力不强。四是社会阅历浅，考虑事情不够周全，挫折和困难面前容易产生消极情绪，酿成极端行为。五是对网络依赖性较强，沉浸于虚拟网络世界，社会沟通交流机会较少。

（3）教育过程的融通性

从课堂理论教学到课外活动实践、从线上面对面交流到线下人与人沟通、从虚拟慕课到现场教学，高校学生思想政治教育过程既包括知识技能的教授，也内蕴品质和道德的涵养。可以说，整个育人过程是一脉相承、环环相扣的，具有融通性和延续性。

育人过程的具体环节和任务。先就课堂教学过程而言，主要完成的是帮助学生树立正确的认知，如此方能在实践中尽量少走弯路，避免误入歧途。再就日常思想政治教育过程而言，强调通过活动建设、平台打造、学科竞赛等多种载体形式和合理育人途径，来贯通知与行、理论与实践之中的有机联系，进而帮助高校学生在整个成长成才过程中更好地学思践悟。不论是主渠道还是主阵地，两者在育人过程中，都是互为渗透、相互影响。离开理论教学过程，实践活动开展就缺乏了理论指导这个重要前提，离开实践育人环节，理论讲授就会因变得抽象空洞而让人无法真学、真懂、真信。

（4）教育内容的衔接性

对于思想政治的教育来说，思想政治课程与其他课程在教育内容方面的侧重点是不同的，但是，这两方面的教学内容是不能相互割裂开来的。一方面，理论是用来指导实践的，如果只注重理论讲授而忽视实践能力，那么思想政治理论课的实际意义与影响力必然大大削弱，理论学习不能学以致用势必让高校学生对理论教育内容失去兴趣。另一方面，假如高校学生日常活动的开展缺乏理论指导，也容易导致行动变得盲目而无所适从，就拿爱国来说，究竟怎样才是真正的爱国，这个更深层次的理论问题如果不弄清楚，高校学生在具体的爱国活动进行中，就容易变得偏激或盲从。

（5）工作方法的借鉴性

主渠道与主阵地既然都是针对育人而言，那么二者必然在如何实现更好育人的工作方法上可以彼此借鉴。只要是从立德树人的根本任务出发，只要育人方法科学合理，我们就应该大胆使用。随着信息技术的日新月异，高校学生的知识接收渠道、信息传播途径都发生了较大变化，这就要求适时更新教学方法，用更加贴近学生日常生活的授课语言、授课方式来增强理论课的吸引力。反过来，日常思想政治教育也可以借鉴理论教书育人，注重传统讲授的方法，适当提高活动开展的思想性、理论性和学术性，同时这样有助于提高辅导员、高校管理队伍等在高校学生心目中的教师形象，进一步当好学生的良师益友。

就现实情况而言，思想政治理论课本身就较为突出“晓之以理、动之以情”的工作方法，比如，通过知识传授与理论说服结合起来，让高校学生懂道理、通情理、知伦理、明事理；通过知识传授与理论说服结合起来故事讲解、语言渲染、画面呈现等，避免干巴巴说教，实现以情感人、以情动人。日常思想政治教育则本身较为侧重“教之以言、导之以行”的工作方法，高校学生群体十分活跃，开展日常学术活动时，如果不严格要求、不强调纪律性，势必会使活动效果大打折扣，另外，针对盲目消费攀比、网络游戏成瘾、彻夜看剧不眠等行为现象必须循循诱导，把学生言行引入正轨上来。当然，这些工作方法只是主渠道与主阵地的冰山一角，需要强调的是，在育人过程中，遇到任何单一工作方法难以奏效的时候，必须合理学习效仿、正确有效引入“他山之石”，如此，才能使育人成效更明显，育人方法更科学。

3. 协同育人机制的对策

（1）准确理解“立德树人”的科学内涵

所谓“立德树人”，“立德”是树立德业，“树人”指培养人才。“立德树人”之所以将“立德”放在“树人”之前，就是强调“立德”的重要性。在高校人才培养中，“德”是总阀门，是人的综合素质的灵魂。没有“德”，人就会失去灵魂、失去方向。“立德树人”强调的是育人为本、德育先行的理念，要将思想上的“立德”作为前提，同时也不要忘了“立德”的根本目的是为了“树人”。在教育教学的时候，要充分重视学生作为教育主体的作用，激发学生成为社会主义事业的建设者和接班人的意识，做到德育与才能相统一，从而成为一个健全的人。

（2）促进各课程间教育内容相互衔接

在思想政治育人过程中，各课程教育内容必须相互衔接，既各有侧重，又有效统一。理论内容讲授必须结合实际，要针对当代高校学生在日常生活中遇到的一些时事困惑、认知偏差、行动误区进行合理的课程设计，这样才能更好地发挥课程内容学习的现实价值，真正让马克思主义理论落到高校学生的学习生活实际当中，真正做到落细、落小、落实。日常实践内容的活动开展必须强调理论指引，主题信仰教育、校园文化建设、学生社会实践等环节须从始至终贯穿理论引导、价值渗透，这样一来，活动开展的理论和现实意义才能更加具有叠加倍增效应，更重要的是，有助于理论学习内容的巩固和升华。

此外，思想政治理论课的深化需要专业课“课程思政”的推进，两者相辅相成才能得到显著的立德树人的教育效果。这就要求“课程思政”，一方面，应当实现对于专业课、综合素养课等非思政课程的思想政治价值引领；另一方面，也要使专业课、综合素养课等非思政课程积极为思想政治理论课提供学术资源和学科支撑，将两者紧密联系在一起。

（3）加强教师间的协同合作

思政课程和“课程思政”协同发展要实现在课堂中进行思想政治的教学。因此要构建育人共同体，主要的方法是把专业课、思政课的老师、辅导员及相关的部门人员组织在一起，创建一个能够互助互补、将优势最大化的育人共同体。育人共同体中的每个部分都要承担各自的职能，从而实现育人的目标，实现学生的全面发展。

例如，专业课教师主要是实现思想政治教育的渗入效果，思政课老师主要是对学生的世界观、人生观和价值观进行指引，辅导员主要是负责对学生定期进行相应的心理辅导和成长成才关怀，相关部门主要是确保以“思政课程”为核心的同向同行运行机制可以顺利地运行，帮助打造思想政治教育共同体。

第一，专业课程教师要和思想政治理论课教师合作。专业课程教师和思想政治理论课教师都是高校学生思想政治教育中不可或缺的组成部分，这两者之间本来就是互相合作和互相补充的关系。一方面，两者之间的合作能够推动专业“课程思政”的发展，另一方面，还能够促进思想政治理论机制的重新创立和创新。而且，这两者的合作还能够促进学校教学材料的研发、“课程思政”专项材料的研发、思想政治教育实际工作平台系统的研发等。

第二，要按照教学工作状况，形成互相联动及合作关系。思想政治理论课程，以及专业课教师开始以教学方案规划、教学行动实践措施等为基础开展合作，注重高校思政课程知识体系的内在整合，优化课程资源配置，促进优质资源共建共享、有机融合，推动实现课程组集体备课、互听互评、师生协作、专题教学。一方面，能够推动专业“课程思政”教学的深层次发展，另一方面，还能增加思想政治教育形态体系的具体内容。在教学结束后进行的合作反省思考，有利于两者完善后期教学计划，改善课程机制和具体内容。

第三，根据教师的专业学识素养，形成互动合作。两者之间所形成的互动合作，在思想政治理论教师看来，可以加强科学文化内涵、拓宽知识范畴、优化知识逻辑，有利于教学计划的进行。在专业课程中融入思想政治教育，显而易见的可以加强思想政治理论课教师的道德水准。从专业课程教师的角度来看，一方面，伙伴性质的合作方式可以加强他们的思想道德政治水准，另一方面，还可以补足他们的教学规划机制，改善教学水准形态。促使教师结合自身的专业特长和优势，选择适合讲、能讲好的教学内容，实现个人专长与教学内容、教学方法等相互匹配、相得益彰。这样，就避免了教学内容和形式简单化一，使思政课顺应时代发展潮流，更加贴近生活、贴近学生，以激起学生知识兴趣和学习热情。

五、思政课程协同“课程思政”育人体系的反馈机制

（一）全方位思政育人体系的激励办法

激励机制是指以人的需要为出发点，运用一定方式提升主体在追求既定目标时的主观意愿程度，从而激发自身的能动性、主动性和创造性，并生成与之对应的积极行为方式，是促使主体发挥潜能、提高工作效率的重要手段。贵州财经大学在强化顶层设计，推动教学改革的过程中，针对不同层级标准的教师给予相应

标准的薪酬，形成了“5+1”模式的激励机制来提升教师参与积极性，初步形成了教改成果数量多、优良率高的格局。高校全方位思政育人体系中内涵的主体多元，主体诉求多样，设计高效、生动、稳固的激励办法，在高校全方位思政育人体系中改进激励办法，首先，要注重对育人主体多重需要的激励。思想政治教育工作不是功利性的社会活动，不以经济效益和物质利益的获取为最终目的，因此，在激励过程中，也不应单纯的以物质激励为主线，还要从主体的精神需求入手，在人格和思想上引导主体全面地认识自己的社会关系，在实现自身价值和能力突破的过程中产生自豪感、成就感和满足感。其次，创新激励的方式与方法。时代环境和人的思想观念都处在不断地发展变化之中，激励办法的运用要与之相适应，在适应中寻求超越，在继承传统榜样示范、物质奖惩的同时，要发展和创新实践锻炼、情感体验等激励因素，充分结合网络新媒体，提升激励水平。

（二）加强对思政教育教学质量的检查监督

思政育人工作在实践中的落实与执行不能仅仅依靠育人主体的自觉性，更为重要的是要对工作的实施过程进行实时审视与监督。充分利用纪检监察部门的监督作用，强化制度执行力，从而推动思政育人工作常态化稳定发展。在高校全方位思政育人体系的构建中，加强对高校思政教育教学质量的监督，首先，要强化高校思政育人工作的监管责任体系。主要是要明确从中央到地方、从高校到院系再到组织部门的每一个环节中，各个主体部门所承担的责任，只有将责任进行清晰的明确划分，才能确保在未履行责任的情况发生之后能够及时向动作主体予以检举和提醒。其次，要整合校内、校外两方的监督资源，推进监督机制常态化。其中校内监督指的是在高校要创建完善的自我监督体系，设置专门的思政育人监督部门，制订完备的思政育人工作质量检查与监督工作制度，学年初向各个部门下发学校所制订的年度思政育人工作制度，在学年后则要对完成情况进行检查与纠正，并且在学年中组织不定期的抽查，以引起学校全体教职工对思政育人工作的充分重视。校外监督主要是由高校所在地的纪委来进行教学外部的监督，增加学校履行思政育人职责的主动与积极性。

（三）建立思政育人效果的科学评价体系

科学的评价机制能够通过对执行过程和执行结果的评估、总结，给予系统以正向反馈，从而得出改进策略、方法以促进系统升级完善，推动系统的健康可持续运行。中国人民大学在本科人才培养过程中，设计制订了以学生成长阶段为主线的学生课外综合管理评价系统。北京林业大学通过实施“青蓝计划”强化评价激励机制，对思政育人过程、质量效果和学生的获得感三个维度进行综合考评、立体分析，以此提升教职工人才培养能力。客观看待思想政治教育工作目标的实现程度，具体评判育人体系的实施效果的必要条件。通过评价结果的展现、反馈，从中了解体系现存的不足并加以改进，是实现建构长效全方位育人体系的必由之路。具体从受体对象的角度划分，高校全方位思政育人体系的评价体系可分为对学生学习效果的评价和对教师教学效果的评价。

首先，针对学生学习效果的评价。打破以往以定量考试成绩为定性标准的错误导向，第一，要创新评价方法。将静态考试成绩与学生成长的阶段性动态变化相结合，将重点放在非认知领域，以课程成绩为核心，利用调查研讨、专题作业、时间观察等多种方式为辅助，对学生进行全面评价。第二，要拓展评价内容。将生硬的理论知识与开放性的实践应用相结合，以启发联想代替死记硬背、生搬硬套，实现学生学习由认知向认同、由他律向自律的转化。

其次，针对教师教学效果的评价。第一，在院系评价工作中，务必要制订量化的具体指标，尽可能地消除评价时的主观色彩，提高客观性，对全方位育人体系的落实情况进行检验。第二，动员学生的主体性力量，高校要将每一个班级作为一个单位，以学生为评价主体，以教师工作为对象来进行评价。同时，为了确保学生对教师评价结果的公正、公平性，学校可以采用匿名投票、网络投票相结合的方式来组织评价活动，并且将两种评价的结果进行横向对比，更加客观地获取最终的评价结果。

六、把握思政课程协同“课程思政”育人的最佳时间点

协同需要“同频共振”，而同步同频就要利用好教育的最佳时间点，在重大节日、纪念日、学生发展的重要阶段、社会热点事件发生和思政课教材讲授顺序等时间节点上，做好主渠道、主阵地的协同育人，发挥协同的最佳效力。

在重大节日、纪念日来临时，要结合教学大纲在思政课课堂上开展“四史”的历史知识讲解和现实意义解读，七一庆祝党的生日，讲授我们党走过的光辉历程、举办红歌比赛等；十一国庆节组织“祖国巨变”“家乡变化”相关主题的征文比赛、演讲比赛等；香港、澳门回归纪念日讲授“一国两制”制度优势。

抓住学生发展的重要节点组织适应教育。充分利用良好的氛围和时机，对学生进行适应教育和适度引导。例如在毕业季，面对学生可能出现的初入社会的焦虑感和离开校园的失落感，思政课教师可以在教学中与学生讨论个人理想实现、公民道德建设和社会法律法规遵守等相关话题，帮助学生掌握毕业后所需要的知

识；而在日常教育中，辅导员可以结合学生毕业的相关活动，帮助学生提前做好进入社会的心理准备，缓解角色转变的不适感。这样，让学生在理论和实践的双重影响下，能够尽快适应大学生活的各个阶段，更好地规划自己的学习生活和未来发展。

抓住社会热点事件进行意识形态教育。做好意识形态教育，社会热点事件的分析解读为意识形态教育提供了很好的素材和机会。在疫情防控这一特殊时期，思政课教师和辅导员就要抓住热点舆情发酵和学生心理需求，向学生讲清楚整个事件的来龙去脉，通过疫情防控期间的真人真事和数据公开，让学生看到党和政府在社会卫生事件中的治理能力和积极态度，体会到中国特色社会主义的制度优势，认清错误言论背后的本质诉求，从而不被迷惑，保持良好心态。

针对教材讲授顺序安排主题教育。思政课教学往往有规范的教学大纲要求，教材的编写顺序也契合学生的前置知识储备和接受能力，为教师的教学提供时间参考，而日常思想政治教育相对灵活，没有严格的时间节点规定。因此，要实现协同，帮助学生知行合一。

第四章 “课程思政”课堂教学

重视“课程思政”的重要性，需要以课堂教学为切入点，寻求各科教学中专业知识与思想政治教育内容之间的关联性，并在课程开展的过程中，将思想政治教育的相关内容融汇于学科教学当中，通过学科渗透的方式达到思想政治教育的目的。本章主要论述了新时期“课程思政”课堂教学设计、“课程思政”教学管理、“课程思政”专业基础课课堂教学这几方面内容。

第一节 “课程思政”课堂教学设计

一、“课程思政”教学主题和教学方法选择

新时期“课程思政”的主题分为四类不同的主题及教学方法选择。

（一）问题澄清与道理阐明类思想政治教育主题及教学方法选择

“课程思政”教学中，必然涉及一些基本的思想政治教育知识点讲解，这些知识点在思想政治理论课中也有涉及，但脱离具体情境无法讲清楚。而这类主题均为专业课程中重要或基本的思想政治教育问题，学生应掌握其知识并能结合专业课程进行理解和运用。在这种主题的教学中，一方面，要将价值性和知识性进行统一，就是在引导学生学习知识的同时实现价值观引导；另一方面，要将政治性和学理性进行统一，以学理性分析帮助学生了解思想政治教育知识的内涵，用思想理论引导学生，用真理的强大力量影响学生。这类主题（知识）的选取，旨在弥补思政课程在相关主题上的“地气”不足，教师应该厘清这类主题与学生知识结构、生活经验，以及社会现实之间的关联，激发学生的学习兴趣。

（二）行为规约型思想政治教育主题与教学方法选择

部分思想政治教育主题以一种“规约”形式呈现，“规约”的目的是帮助学生结合所学专业进行自我约束：立足专业的“真”问题，明确为何、如何自我约束。以《高等学校“课程思政”建设指导纲要》①中提出的“理学类专业课程，要注重科学思维方法的训练和科学伦理的教育”为例，选取“科学伦理”主题，首先要找到适当的“植入”点，可以具体到“科研诚信”的主题，从概论或研究规范部分切入，以解决以下问题：学生应如何结合专业学习与研究掌握科研要求与规范？如何遵守科研规范？前一问题，可采取讲授法、案例研讨法。后一问题，则需将科研规范要求穿插在研究各环节、主题讲授中，引导学生思考如何在自己的科研工作中遵守科研规范与诚信。

（三）情怀培养与精神涵养类思想政治教育主题与教学方法选择

“情怀”“精神”类主题，在教育部出台的《高等学校“课程思政”建设指导纲要》②中多次出现。这类主题适用于各类专业课程，因而必须紧密结合专业教学，以免泛化和同质化。情怀培养和精神涵养类主题教学中则应以讲授法为主、案例教学法为辅，让学生在情感上产生触动；可借助多媒体等，采取情境教学法，将学生代入情境，产生情感“共鸣”和精神“共振”。可以结合专业中的具体问题，延伸到家国情怀、民族精神。如理学、工学、农学等，必然会涉及大量与中国科学家有关联的成果，这是思想政治教育教学很好的切入点。可采取案例教学、情境教学或者小组讨论等方法，解析经典案例背后的情感密码、精神密码，让学生进入故事情境，深刻领会家国情怀、民族精神，引导学生思维向更深处探寻，明确立足专业领域“我应该如何”，以避免出现“听”着感动、想着激动，但落到实践不能动的问题；也可立足专业维度，设立大学生暑期实践主题，从探寻历史、深入伟大的精神家园等角度，引导学生接受精神洗礼，进而实现向行动的转换。

（四）问题应对型思想政治教育主题及教学方法选择

如何认识、辨析专业领域的各种新问题、新现象，保持自己的立场、拥有自己的观点、态度和处理方法，是“课程思政”教学需要为大学生解决的。比如，如何在教学中引导学生应对某些国家对我国新冠肺炎疫情防控实践的污蔑、诋毁，面对这一问题，应该采取何种教学方式来解决上述问题（以医学、生物专业为例）？

① 教育部．高等学校课程思政建设指导纲要.2020 年 6 月
② 教育部．高等学校课程思政建设指导纲要.2020 年 6 月

首先，必须立足专业，结合对各种信息的掌握，采取专题讲座或某一节课的形式，对新冠病毒进行全面而系统的分析，以实事求是的科学态度，帮助学生明确新冠病毒的来源尚未确定，这些国家的污蔑是毫无根据和别有用心的。其次，采取小组合作学习、情景教学、课堂辩论、探究学习等方法，发挥学生主体性作用，让学生发挥信息技术特长，收集各种材料，站位科学角度和事实角度，有理有据地回应各种关于新冠病毒的谣言和这些国家的污蔑。最后，可采取研讨式教学，引导学生立足专业和相关研究进展，反观自己的专业理想与学习，树立破解专业难题、奉献社会的人生理想。

二、“课程思政”课堂教学目标设计

“要根据不同学科专业的特色和优势，深入研究不同专业的育人目标”[①]，教学上要落实到课程目标设计，为了贯彻这一要求，必须树立专业的思想政治教育目标，形成具体专业课程的思想政治教育目标，克服专业课程在教学目标设置上“各自为战”和重复（内耗）的问题，立足专业课程的课程布局和课程特征，搭建专业课程的思想政治教育教学目标框架。对专业课程群的具体目标进行细化，形成专业课程群的目标体系。“课程思政”与思政课程的“同向同行”，必须体现在教学目标设定上，只有目标一致，才能各司其职并形成“合力”。因而，双方的课程负责人、马克思主义理论学科专家应将专业课程具体的教学安排（进度）与思政课程的具体安排进行协调统筹，落实具体专业课程的思想政治教育教学目标。构建具有逻辑性的、体系化的专业课程的思想政治教育教学目标。必须基于集体协作，解决好几个问题：思想政治教育主题在专业课程群分布（结合课程安排的顺序）中的内在逻辑问题，知识点分布及层次的问题，不同类型课程的教学目标问题，不同课程之间都涉及某一个思想政治教育主题，教学目标该怎么设定的问题。

“课程思政”教学依托课程，因此应注意在目标设定上关注课程知识点自身的思想政治教育负载空间和张力。在此前提下，要注意对“有机融入”的关注，这种“融入”并不是模糊的，而是一种可描述、可控、可调、可评价的“融入”。也就是说，思想政治教育教学目标的设定必须基于“学情”具体呈现在教案中。贯彻这一要求，需要研制专业的思想政治教育目标，形成具体专业课程的思想政治教育目标，细化为课堂的思想政治教育教学目标。

课堂教学目标反映了教师在实施课堂教学前对学生的期望，以及学生在接受

① 韩喜平．关于课程思政育人的几点思考 [N]. 林大学报 .2021-4-16（780）

教育之后达到这些期望的程度。在设计课堂的教学目标时，预期的学习效果是教师关注的重点，同时对于教学过程有着决定作用。首先，教育目标的设计必须满足学生的需求，关注学生的接收能力、认知能力和学习能力之间的个体差异。其次教学目标的设计应考虑学科发展的需求，包括学科的理论知识和实践能力。最后，教学目标的设计应考虑社会的需求，教学目标要紧扣社会的发展。

根据课程标准编制要求，结合学生认知特点，针对不同专业课程的特点，需对课程的知识、能力、素养这三大目标进行明确。“课程思政”理念在专业基础课中的实现，依赖于课堂教学目标的准确设计。设计课堂教学目标应结合专业课程的理论知识和能力培养特点，有效地结合职业素养需求，使“课程思政”得以有效实施。

教学目标的确立需要学校“课程思政”领导小组专家、专业负责人、专业课程负责人、思想政治理论课教师，基于“课程思政”首席教师负责制，从以下三方面开展合作：第一，立足专业课程的课程布局和课程特征，发掘富含思想政治教育元素的“璞玉”，需要在马克思主义理论学科专家的协作下，由专业负责人、专业课程负责人通过科学研讨，形成专业课程的思想政治教育教学目标框架。第二，解决专业课程的思想政治教育教学目标与思政课程目标的有机协同问题，“课程思政”与思政课程的“同向同行”，必须体现在教学目标设定上，只有目标一致，才能各司其职并形成“合力”。因而，双方的课程负责人、马克思主义理论学科专家应将专业课程具体的教学安排（进度）与思政课程的具体安排进行协调统筹，落实具体专业课程的思想政治教育教学目标。第三，构建具有逻辑性的、体系化的专业课程的思想政治教育教学目标。必须基于集体协作，解决好几个问题：思想政治教育主题在专业课程群分布（结合课程安排的顺序）中的内在逻辑问题，知识点分布及层次的问题，不同类型课程的教学目标问题，不同课程之间都涉及某一个思想政治教育主题，教学目标该怎么设定的问题，等等。

单次课的思想政治教育教学目标设计。依据“专业“课程思政””教学大纲，研制形成具体章节的教案，确定每节课的思想政治教育教学目标及与其对应的教学评价体系。对“课程思政”教学目标的具体分解；第一，是否可以实现？鉴于对不同章节思想政治教育元素挖掘深度的不同、课程自身所需采取的课型，以及教学方法的差异，单节课的思想政治教育教学目标应“因地制宜”“因时制宜”，而不应该僵化。第二，是否可评价？要以“评价”为导向，从知识、能力、情感、态度、价值观维度进行描述，要对目标达成的层次进行分级和描述。

教学目标的实现是需要由每个细小的课程目标达成来实现的。每个教学目标的实现联系在一起，才能够实现教育目标的达成。明确教学目标，注重呈现教学目标首先就需要充分调动学生的热情，为学生建立起一个可以达到的目标学习期望，由此增加学生的个体主动性和主观能动性。另外，就是在对教学目标类型的确定上，要查看好每一个教学目标下的多个课程目标是否具有逻辑性和连续性，能够引发学生进行一系列的学习。

（一）知识目标设计

专业基础课程的知识目标设计目的是使学生通过课程的理论学习，掌握专业的核心理论知识，形成良好的认知习惯。高校学生生源具有层次的多样性，教师在设计知识目标时应结合实际情况。如中职生源的学生因在中职阶段已对专业基础有了一定的认知，在高校阶段的知识目标设计应在此基础上进行深化；高中生源的学生因在高中阶段只接受文化课程的学习，因此知识目标设计应以专业基础知识为主，根据学生的学习情况，逐渐深入。

（二）能力目标设计

对于专业课程而言，理论层面的知识是人才培养的核心及基础所在，学生通过对知识的理解和创新，通过课程实践获得专业技能，得到操作能力的提升。学生通过实践学习，获得符合社会需求的专业技能。同时结合“课程思政”理念，教师可以适当引导，通过行业模范案例的介绍，企业操作规范的学习，使学生在实践操作中，潜移默化地形成敬业的精神。

（三）素养目标设计

素养目标是指通过课堂教学工作，在传授理论知识和操作技能的过程中，期望能够引导学生建立个人素养和职业道德品质。素养目标的实现情况是检验“课程思政”效果的直接因素，因此，在设计素养目标时一定要立足课程本身，结合理论知识要素和专业特点，对专业基础课程中的育人元素进行有效凝练，在教学过程中通过各种方式进行渗透，让学生在课堂上能够自然地得到思想引领，从而实现课程教学中的素养目标，这是高校培养高素质技能人才所必需的要求。

三、“课程思政”课堂教学内容设计

新时期“课程思政”教学内容设计应坚持马克思主义的指导，进行专业基础课内容的设计。

（一）专业基础课理论内容设计

专业基础课理论内容设计要在传授学生专业理论知识的过程中，引导学生增强爱国主义精神，加深对所学专业的认同，形成良好的职业品质。首先，专业基础课理论教学内容设计是保证学生掌握知识，部分学生理论知识掌握较差，教师在选取理论教学内容时应结合学生生源层次特点，考虑学生的接收能力和行业需求，使学生能够在课堂教学活动中掌握基本专业知识。要挖掘专业基础课中核心知识点，发挥课程育人效应，使学生积极地投入课堂学习中，从而更好地学习课程内容。实现学生在学习的过程中，得到知识的有效掌握。其次，专业基础课理论教学内容设计要结合学科、专业和课程的特点，从历史变迁、当前形势和专业发展出发，提升学生的社会责任感和使命感，激励学生寻求个人发展机遇，树立远大理想，为国家和社会的发展做出贡献。最后，专业基础课程理论教育内容的设计要立足专业本身，鼓励他们在学校认真学习，将爱国精神转化为实际行动。

（二）专业基础课实践内容设计

专业基础课实践内容设计要有创新意识，结合院校特色和社会主义发展的特点，同时结合艰苦奋斗的精神，引导学生立志成为爱岗敬业的技能型人才；应挖掘专业行业中的知名企业发展故事，结合企业文化，让学生了解每一个成功人士背后付出的努力，鼓励学生好好学习专业技能，养成自强自律、艰苦奋斗的职业品质，这是每一位高校学生实现个人价值的最佳路径。最后还要重视学生能力培养，抓好专业技能教学和应用实践能力，使学生成为专业技能强、个人素质高的人才。

四、“课程思政”课堂教学过程设计

课堂教学过程重视让学生养成积极主动地学习态度，爱岗敬业的职业精神。传统的课堂教学过程设计偏重知识技能的教学，而忽视了人格素养的培养，“课程思政”理念的提出，正好完善了课堂教学全程育人目标，为高校培养高素质人才提供了有效保障。

（一）课前教学过程设计

专业基础课教师必须认真研究教材内容，熟悉课程知识点，明确课程的三大目标及重难点，设计科学合理的教学过程。在准备课程内容的过程中，教师应根据课程知识体系，梳理合适的育人内容，将这些内容科学地融入专业课程之中。教师应根据班级学生学习情况，提前分配预习作业，让学生初步了解课程的理论内容，有利于课堂教学活动的开展。

（二）课中教学过程设计

教学过程设计可分为导入环节、讲授环节、实践环节及总结环节。导入环节中可以设计点名和师生互动环节，培养学生的礼仪和时间观念。讲授环节可以根据课前的准备，结合专业知识，通过案例分享等多样化方式调动学生学习的积极性和增强学生学习的专注度。实践环节可通过现场演示、任务布置等形式开展，一方面可以提升学生的专业技能，另一方面可以实现社会主义核心价值观的有效渗透，有效培养高校学生的工匠精神。总结环节可以通过师生交流分享本次课程的收获和感受，对课堂上积极表现的学生给予表扬。

（三）课后教学过程设计

课后教学过程设计需要教师带领学生做好专业课场室的 5S 管理，培养学生严谨的学习态度。督促学生完成课后作业和技能训练，加深课堂学习内容的巩固。课后教学环节的设计，有利于加深学生对专业知识的印象，还有利于培养学生持之以恒的学习自觉性。

五、“课程思政”课堂教学方法设计

课堂教学法是指教师在课堂教学活动中完成特定的教学目标，提升学生学习效果，采用的各种活动方式的总称。“课程思政”理念下的课堂教学方法利用现代化的教学技术进行创新，实现教学效果的显著提高。通过教学方式的创新，有效地促进课堂互动，使课程知识越来越清晰，思想引领越来越深入，“课程思政”的效果更加显著。根据高校专业基础课教师的实践经验，目前在专业基础课中实施“课程思政”理念主要采取以下三种教学方法。

（一）小组教学法设计

小组学习法是将学生合理划分为不同学习小组，为完成相应的目标而构建的学习模式。目前项目化教学大多采用小组教学形式。通过实践证明，语言类专业课程可采取分组对话进行课堂练习，提高学生的口语表达能力；工科实践课程因实验室操作设备有限，分组教学可以使每位同学得到训练，充分利用了教学资源；艺术设计类专业课程通过小组教学，可充分调动学生的创造力，提高设计作品质量。

通过小组教学法使学生积极参与课程活动，引导学生并帮助他们进行科学探讨。

（二）案例教学法设计

案例教学法是利用真实典型的事件所编写的情景，通过课堂讨论、分析、研究等教学活动，完成学生对其内涵的认知，从而完成教学目标的一种方法。案例教学法的设计实施分为三个阶段：首先，专业基础课教师应根据课程教学目标、知识内容、学生特点等方面来挑选合适的课堂教学案例，比如医药类专业可选择目前疫情防控期间的真实案例，使学生加深对所学专业的使命感，通过教师引导使学生明确自己的职业规划，为国家的医药建设做出自己的努力；电子类专业可以选择学生熟悉的华为公司为案例，从企业文化、创始人经历、品牌故事等方面的导入，来加深学生的专业认同。教师应提前熟悉案例内容，为案例设计启发性的问题，了解案例涉及的背景及道德规范，明确案例核心观点。其次，在课堂教学环节，专业课教师掌握合适的时机导入案例，引导学生进行案例学习。以此为基础，教师提出相关问题并引导学生开展讨论。最后，教师应鼓励学生概括出案例中蕴含的知识点及道德原理，一方面，学生的发言可以检验他们在研究案例过程中的学习效果，另一方面，可以发现他们在分析过程中的表现和收获。根据学生的发言，教师应做出总结，点评学生在讨论和发言过程中的优点及不足，同时以简明清晰的方式揭示案例中蕴含的理论，通过提炼让学生进一步体会案例中道德内涵。

（三）情境教学法设计

情境教学法是指在课堂教学过程中，教师可以根据特定的情感色彩或形象创设具体的场景，带动学生的感受，引导学生理解课程内容的一种教学方法。例如课堂游戏、角色扮演之类的形式都包含在教育内容的具体情境中，使学生可以自然地获得价值引导。“课程思政”教学中，必然会涉及一些基本的思想政治教育知识点的讲解，这些知识点在思想政治理论课中也有涉及，但脱离了情境无法使学生理解。对于专业课教师而言，应厘清这些思政内容与学生目前的认知情况、生活经验和社会关系之间的关联，更好地推进思想政治教育。例如“管理沟通”课程开展期间，其中有一讲内容是会议沟通，因此可将教室布置成会场，由学生分组进行模拟会议实践活动，专业课教师通过点评将知识点和“课程思政”内容进行串联。实践证明，学生在模拟的环境中更容易接受知识的灌输及价值观的渗透。

六、“课程思政”课堂教学评价设计

课堂教育评价是指对课堂活动和教育效果进行价值判断的过程，通过收集到的相关数据，运用科学合理的方法对教育过程进行衡量和分析的过程。由此可见，课堂教学评价必须基于一定的标准才能实行，本文所研究的“课程思政”理念下课堂教学评价的主体是“课程思政”，以特定评价体系为基础，针对“课程思政”在教学过程中落地情况进行评测。需要树立客观地评价原则，评价过程认真负责，确保公平公正。评价方式应根据不同专业基础课的特点，选择不同的评价方式。课程设计评价工作的开展应随时间不断革新，开展“课程思政”的目的是培养高素质技能型人才，因此评价设计应根据学生在学习过程中的困惑和问题进行调整。同时，课堂教学评价的设计要全面，需要将思政元素评价分层次，从低级到高级来逐级查验学生通过课堂教学达到了何种层次；也需要对专业课开展评价工作期间，应将专业知识、素养、能力等多样化层面进行有效涵盖，从不同角度设计不同的评价标准，通过师生互评得出评价结果。通过实践研究，从教师角度进行课堂教学评价设计时，教师应基于学生学习中的表现，侧重采取描述性评价，从不同维度对学生的表现进行记录、描述，以准确反映学生变化。此外，小组讨论记录、小作业、发言记录都可以作为评价依据。适度采用终结性评价，以反映学生发展的阶段性成果。结合课程所撰写的论文、调查或研究报告，都可以作为评价依据，这种评价可以与学生自己的预期、教师课程设计的预期相结合，不仅能反映学生真实水平（为后续“课程思政”提供支持），同时也能作为教师教学反思的重要依据。

（一）教师教学能力评价设计

教师的教学能力包含了教材的选用能力、教学目标凝聚能力、课程实施能力、课程教学设计能力等多个方面。教材是教师教学和学生学习的基础，不同的教材在专业知识表述、素养知识的设计等方面都有差异，因此教师在选用教材的时候应充分考虑教材的内容是否有利于专业课程的教学与学生职业素养的教育。学校管理部门应成立教材选用考核小组，评价的内容要从两方面考虑，一是是否符合课程内容的需求，二是是否适合班级学生的认知发展水平。课程的教学设计是根据教学内容和教学目标开展的，每个教师的人生观、价值观和思维方式不同，即便是同一门课程教学内容，不同的教师的设计也将出现显著差异。所以针对教学设计开展评价时，应对价值观、态度、情感等问题保持高度关注，制订合理的标准，评价教师处于哪一层级，并提出改进意见。课堂教学实施是教师采用一定的教学方法，将“课程思政”理念融入教学内容的一个过程。“课程思政”想要达到一定的效果，教师发挥着至关重要的引导和推动作用。课程教学目标的确定，是一堂课实施的起点，教师应根据不同课程特点，凝练出每节课的教学目标，“课程思政”理念要求将专业与道德相结合，因此在评价时应考虑素养目标的内容是否符合本领域要求的职业操守和道德规范。

（二）学生学习效果评价设计

教学效果如何依赖于学生的学习情况。“课程思政”作为一种新型的教学理念，其用于培养高素质的技术人才，在高等教育中得到了广泛的认可。因此，评价中对学生的考核尤为重要。学生自我评价也对他们的成长和发展非常重要，因此在评价活动中应遵循相对共性的流程，首先，要确定自己的评价目标，可结合教师的教学目标来设定；其次，要制订相应的标准，作为参照和依据；再次，通过有效的信息反馈，及时调节自身现状和标准之间的距离；最后，通过自我矫正来完善自己、发展自己。外部对学生的评价，可通过评价反馈为学生指出正确、合理的发展途径。任课教师可通过课程考核和课堂观察评价学生获得专业知识和专业素养的情况；家长可根据日常生活对学生的自主学习情况，行为习惯等方面进行评价反馈。两种评价方式共同进行，才能更加全面地了解学生通过“课程思政”在专业课程中的运用，获得的思想道德方面的引领价值。

（三）新时期“课程思政”课堂教学评价的运用：基于评价—反思—改进的路径

基于学生发展情况，对教学进行反思、改进，是对专业课教师的基本要求。首先，要基于评价对教学进行反思。主要反思以下几个问题：思想政治教育元素的挖掘是否深刻，思想政治教育元素与专业课程知识的结合是否有机，思想政治教育元素在教学中是否内涵式地融入了专业课程教学，教学调控和评价是否合适，等等。可采取个体反思、同一专业课程教师的集体反思、备课组集体反思、邀请专家参与评价与反思等方法。采取两种模式：一种是“四边”模式，即“边教学—边评价—边反思—边改进”。教师应该在教学实践过程中不断完善的方法。其好处在于，教师能结合课程教学，不断优化教学设计、教学方法和内容安排等。“四边”模式中，专业课教师可引入“教学观察”来帮助改进，即邀请专家参加教学观察前讨论并提出困惑—专家进入教学观察并形成评价报告—教学观察后基于会议的集体反思并提出改进建议。另一种是结果性评价反思，即更侧重于集体反思：

横向比较—提出问题—反思不足—提出改进策略。在反思中深化对“课程思政”的理解，提升教学设计与实施能力。

第二节 “课程思政”教学管理

提高”课程思政“内涵融入课堂教学水平，关键在于课堂教学管理。因此，打造“课程思政”的高效课堂，营造“有温度”“有思考张力”“有亲和力”的课堂氛围，保证“课堂思政”教学顺利实施，达成立德树人的目标。

一、完善“课程思政”科学融入渠道

在“课程思政”的教学中应注重将“课程思政”内涵融入课堂教学，提高学生学习的积极性，把握好教学中思想政治教育的体量安排、切入时机和方式选择的关系，增强学生的学习效果。思想政治教育元素在教学中应采取“显”“隐”结合的形式。必须注意的是，“显”不是强制嵌入，而是在合适的知识点、合适的时机进入（学生进入积极学习状态），并保持合适的体量。就体量而言，应该立足“精”（唯有“精”，才可能“深”“透”）。部分高校采用的“5 分钟做法”，就是一个较好的尝试。当然，具体多少合适，需要教师结合对学生学习效果、教学方法、切入点与时机的综合考量，进行探索与尝试。

二、选择科学的融入方式

思想政治教育进入课程最理想的方式就是自然生成，即由某个课程知识点自然切入，做到水到渠成。切入方式巧妙自然，其中“巧妙”是指平滑过渡，不至于过于直白而变成说教。具体而言，可采用以下方法：问题创设，即由某节课涉及专业领域的思想政治教育问题，引发学生思考，或促成小组讨论；事件或案例导入，即与本节课专业知识点相关的事件，从具体的思想政治教育维度切入，阐述其背后的思想政治教育元素，促进讨论；故事导入，结合有故事的专业知识点，引导学生进行探索；情境导入，即基于情境预设，引导学生进入情境，逐步推出思想政治教育主题；比较导入，如专业知识层面的中外对比，进而导入“责任感和使命感”或“民族”精神等思想政治教育主题。在切入时机选择上，应凸显有预设的“生成”色彩，即有预设但不机械。时机选择的依据是学生学习状态、专业课程运行情况（以不影响专业知识内在逻辑表达为前提）。

三、提升融入效果

“课程思政”教学活动的组织除了正常讲授与互动外，课堂教学中需要灵活采用多种形式，以提升融入程度与学习效果。就形式而言，第一种是常态化的课堂讨论，具有随机发言和对话性质，即话题由专业课教师发起，并初步形成基本讨论路线，学生在课堂上就所讨论话题提问和发言，教师引导学生思考、探讨和总结。第二种是“微专题研讨”，学生可在教师指导下，根据课前准备进行讨论，在较短时间内进行交流和讨论，促进学生进一步思考。第三种是对话，即聚焦领域内某一事件或专题，从事件本身说起，逐渐进入事件背后蕴含的思想政治教育元素。第四种是小组合作学习，这一形式适合小班的主题式“课程思政”教学。教师提出明确的思想政治教育主题，要求学生基于前期准备，采取合作方式，从不同维度分析、阐述、补充并得出完整结论，这种组织形式，往往需要较多时间，应穿插在专业课程的序列研讨中，更适用于复习教学等。

四、增加教学调控的针对性和有效性

为了达成学习目标和丰富学习体验，科学推动“课程思政”教学全过程管理是一项重要而紧迫的任务。第一，课前沟通，基于互动的预设。教师在课前发放给学生的预习材料中，应将思想政治教育元素、话题预先呈现给学生，并收集相关反馈，对教案进行修改完善，来满足学生的需求，行之有效地开展教学活动。第二，基于学生学习体验立场，及时优化教学。专业课程学习本来就有较大的知识学习、能力发展压力，而思想政治教育元素的加入，必然在体量上“增压”。教师应采取恰当的方法，让体量“增压”基于结构变化引发“质变”达到“减压”的效果。教师要不断优化教学流程，降低学习的复杂程度和进入难度，使思想政治教育元素由增加的“体量”要素变成课程知识自身调节要素，使学习过程更为紧凑和流畅。同时，教师应基于对学生学习状态及情绪的把握，适时介入，提升学习效能。第三，基于学生发展立场，关注、倾听、调控。教师要关注学生学习状态、情绪变化，随时和学生进行沟通交流，建立起相互信任、和谐的师生关系。教师应积极倾听，和学生探讨思想政治教育问题，及时有效地把学生引向正确结论。值得注意的是，“教学事件”的处理，也需要教师有所准备，当学生在课堂上提出与主流价值观相违背的观点时，教师应及时介入，纠正学生的错误认识。

第三节 “课程思政”专业基础课课堂教学

一、“课程思政”专业基础课课堂教学访谈调查和现状分析

通过相关访谈结果，得出以下结论：首先，课堂教学设计以专业知识为基础，科学融入思政元素。访谈结果显示，93.04% 的学生表明专业课教师会在课堂上渗透如时政热点、做人道理、爱国教育等思想政治教育的内容，同时 82.7% 的学生认为这样的教学设计能“润物细无声”地进行思想引领，更容易被接受。访谈中四位专业负责人认为，“课程思政”的实施不能影响专业知识的传授，因此，要求各课程教师在设计课堂教学内容时应以专业知识为基础，将“课程思政”的元素巧妙地渗透在教学中，学生在学习专业知识的过程中“润物细无声”地提升职业素养。其次，专业基础课教学环境有利于“课程思政”的实施。访谈结果显示，95.18% 的教师认为专业基础课中应该加入思政元素，因为专业基础课在整个人才培养方案中占比相对稳定，且都以小班化开展教学，相较于大合班或实践类课程来说，更容易吸引学生的注意力。访谈中的四位专业负责人也认为，高校的专业课程会随着行业产业的变化做相应的调整，但专业的基础课程相对稳定持续，且基本在前两个学期开设，其教学环境对于“课程思政”的开展更加有利，有利于加深学生对专业的认同感，提升学生课堂学习的积极性。最后，“课程思政”的课堂教学效果有待进一步提高。访谈结果显示，43.37% 的教师认为“课程思政”的教学效果较好，而 55.42% 的教师认为效果有待提升。通过访谈进一步了解到目前制约专业基础课“课程思政”课堂教学效果的原因，一方面，专业课教师的思想政治教育水平有待提高；另一方面，专业课“课程思政”教学设计需进一步改革优化，结合课程性质和特点，推进专业课教材的编写，为课程设计奠定基础。

二、“课程思政”专业基础课课堂教学存在的问题

（一）专业“课程思政”与思政课程的关系问题

“课程思政”专业基础课课堂教学的开展需要正确把握“课程思政”和思政课程之间的关系，详细而言，就是相关教学活动开展期间，思想政治理论教师与专业教师之间的协作与分工问题。首先，目前高校思想政治理论课和专业课“课

程思政”的联系松散，大多数院校在教学改革的过程中，虽然全力推进“课程思政”理念的实施，但在实际操作层面，两者之间的融合依然存在很多问题。专业基础课“课程思政”的实施需要思想政治理论的指导，思想政治理论课的深化需要专业课“课程思政”的推进，两者相辅相成才能得到显著的立德树人的教育效果。因此，高校管理部门应进一步思考，如何将两者紧密联系在一起，共同发挥育人功能。其次，目前高校思政课教师与专业课教师的协作并不明显，大多数思想政治理论课教师认为，只要上好自己的课，即完成了思政育人的目标，并没有想到专业“课程思政”的实施需要他们的支持和完善。专业“课程思政”的设计和研究，因缺乏思政理论的专业指导，无法深入挖掘思政元素，“课程思政”的教学效果也会受到一定的影响。最后，目前高校课程体系开发程度不够。专业“课程思政”的高效开展，不仅需要思想政治理论课的指导，还需要合适的教材与之相匹配。传统的专业课教材中并没有融入“课程思政”的内容，部分专业课教师因其思想政治理论知识的匮乏，导致教材的开发陷入困境。

（二）专业课教师思政育人能力问题

在专业基础课教学过程中融入“课程思政”元素，最根本的问题是专业课教师的思想政治素质和教育能力。目前高校对专业课教师的考核标准基本上仍然以专业知识和技能为主，培训体系着重在提升专业课教师的专业教学能力，对“课程思政”不够重视，导致“课程思政”的实施进程不够理想。目前，专业课教师在推进“课程思政”教学理念过程中主要有以下问题：①专业课教师育人理念认识不到位。通过问卷调查可以发现部分专业课程教师认为思想政治教育并非自身职责，同时高校专业课内容安排较多，时间较紧，导致专业课教师在课堂教学中只重视专业知识和技能的灌输，缺乏课堂育人意识。②专业课教师思政育人能力不扎实。现阶段一部分专业课教师为高学历应届非师范类毕业生，一部分是具备企业行业工作经验的工程师，这类人员专业技能较强，但由于长期专注于专业研究，对思政理论方面研究相对薄弱，导致其“课堂思政”育人能力不扎实，无法有效地将专业教学和“课程思政”有效地结合起来。③专业课教师政治理论水平不达标。根据访谈可知，专业课教师普遍存在会上学习完就结束了，不会再去认真研究相关文件及理论内容，加上平时繁重的课务及教科研工作，很多专业课教师学习政治理论积极性不高，没有真正去深入探究。从以上三个方面来看，由于高校人才培养特点，专业课教师重视个人的专业技能教学能力的提升，却忽视了个人的政治理论学习和积累等问题，给“课程思政”的实施造成了一定的阻碍，需要及时正视这个问题，提升“三全育人”意识，全面提高教师思想政治理论学习积极性。

（三）专业基础课“课程思政”教学设计问题

教学设计是“课程思政”有效开展的重要环节，必须根据专业课程自身的教学规律，将专业基础课教学和学生政治思想联系起来。目前由于专业课教师没有具备扎实的思想政治理论，高校学生多层次特点，导致专业基础课“课程思政”教学设计存在一定的问题，如“课程思政”内容与专业基础课内容的融合性问题，专业课教材内容的开发问题，学生层次多样化问题，等等。不同类型的学生在专业基础课程中表现也不同，专业课教师的课堂设计挑战非常大，教师应根据学生情况，结合专业课内容，提炼出有效的育人元素，使得各层次的学生都得能得到潜移默化的教育成效。需要相关组织部门进行协调，推进合理化改革，最终才能推动“课程思政”的有效实行。

（四）专业基础课“课程思政”教学评价问题

教学评价是检验“课程思政”实施效果及其对学生思想产生影响的重要保障，可以有效改进教学方式和教学设计。目前，无论是对专业课教师的教学评价还是对学生的效果评价，都存在一定的问题。“课程思政”的教学评价涉及多方面的内容，因此其评价主体涵盖学校各部门人员，专业课教师、班级评价小组、班主任、辅导员等，不同主体有着不一样的评价标准。专业课教师侧重于对专业的认可度、学习的态度、技能训练的敬业性等方面进行评价；辅导员则侧重于学生行为习惯的转变，从积极性、主动性、自我管理能力等方面进行评价。评价主体的不明确将导致评价无法得出统一系统的结论，从而影响“课程思政”的进一步开展。另外，评价方法过于单一。现阶段，高校专业基础课的考核方案主要为终结性考核和过程性考核组成，而“课程思政”效果的评价方法暂未给出明确的规定，这样非但不能有效地进行教学评价，而且无法准确地获取学生在“课程思政”理念下改变。最后，评价体系不够完善。在推进“课程思政”教学过程中，重心放在了政策的宣讲和教学实践的推行，忽视了教学评价问题。不论是学校督导部门对教师的课堂教学评价，还是教师对学生的学习效果评价，都没有形成系统的评价体系。应该着手解决基础课“课程思政”教学评价问题，加快推进评价体系的建立。

三、“课程思政”专业基础课课堂教学产生问题的原因

（一）专业基础课教师课程育人意识不足

在新形势下，各类高校都响应国家号召，大力推进思想政治课程教学改革，对“课程思政”教学理念开展全面、深入地推行。高校专业课教师普遍认为应优先考虑专业基础知识的教授，思想政治工作应该由思政教师和辅导员来完成。另外，部分教师并非师范专业，自身育人理念较为不足，认为自己的任务是教授专业知识和技能，忽视了自身政治素养的提升和思政教学能力的培养。专业课教师的育人意识和能力不足的现状导致“课程思政”很难有效地开展。

（二）专业基础课教材中育人内容缺失

教材是教师进行课程设计的依据，但目前高校专业基础课教材普遍偏重专业技能的训练，尤其工科类教材中涉及的典型案例大多是国外的企业或文化，因此也让学生地认为外国的技术要比中国的强，不利于教师对学生开展爱国主义教育。在实施“课程思政”的教学过程中，教师可以积累一定的素材进行教材开发，结合院校办学特色，在专业基础课教材中加入职业道德、工匠精神、国内知名企业案例等内容，培养高素质的职业人才，真正实现高校育人目标。

（三）“课程思政”教学环境不理想

学生层次多样化，学习缺乏积极性，导致专业基础课课堂教学有很大的阻力。教师需要维持课堂秩序，很难再有精力和时间去进行思想层面的引导。专业课教师普遍认为，学校应发动各部门力量，加强班级学风建设，加强社会主义核心价值观教育，提升课堂学习效果，营造有利于“课程思政”实施的教学环境。

四、“课程思政”专业基础课课堂教学实施的有效对策

（一）加强专业基础课“课程思政”的教学建设

1. 促进“课程思政”和思政课程协同发展

在实施专业基础课“课程思政”建设的过程中，要明确“课程思政”和思政课程共同发展的理念。首先，专业课程教师应对“课程思政”理念进行全面深入的理解，不能简单地将思想政治理论内容加入专业课的教学过程中，这样非但没有起到育人效果，反而会影响专业课的内容开展。在实践过程中，提升思想政治

水平，践行“课程思政”理念，真正实现教书育人的教学目标。其次，学校要明确思想政治理论课的主体地位。对在思政课程的重要地位予以肯定。“课程思政”则是将育人理念贯穿到教学的全过程，各类专业课程都肩负着育人的责任。最后，专业课程与思想政治课程教师应相互合作，彼此协助。思想政治老师是思想引领者，是政治理论的教育专家，推行专业基础课“课程思政”过程中应提供必要的专业理论指导，同时参与“课程思政”教学设计和教材开发。专业课教师是“课程思政”的践行者，应利用自身的专业优势，通过课堂教学活动，将思想教育内容深化在专业教学过程中，这样的育人方式更容易让学生所理解并接受。同时专业课教师可根据专业教学经验，挖掘专业行业相关的育人案例，为思想政治理论教师提供教学素材。

2. 结合学生、时代和专业需求编写教材

教材是教师进行课堂教学活动的依据，是实施“课程思政”重要的工具。教材的内容在很大程度上影响着教师的教学效果，进而影响“课程思政”的实施进程。随着时代的快速发展，新的教学理念更新，教材的内容也应不断更新迭代。“课程思政”理念的推行，正是符合我国新时期国情国策的。因此，基于“课程思政”理念下的教材开发应结合中国特色社会主义道路、理论、制度和文化，为社会主义现代化建设目标服务，同时应涵盖符合学校特色的专业知识和思政元素。首先，“课程思政”理念下的专业基础课教材开发应紧跟时代发展，坚持正确的政治方向，把中国特色文化和制度有机渗透到教材内容之中。同时可以结合院校特色，将素质教育、爱国主义教育、法制教育等思政元素结合专业特色有选择地加入教材体系中。其次，“课程思政”理念下的专业基础课教材编写应结合学生特点，选择适合其职业发展、对其素质提升有促进效用的元素。学生对专业认识不清晰，缺乏合理的职业规划，教材编写时可加入职业发展的内容，增加学生的专业认同感，提高学生学习的主动性，达成专业课育人目标。最后，“课程思政”理念下的专业基础课教材编写应根据专业特点，挖掘思政元素，设计更有利于“课程思政”理念实施的教材内容体系。

不同的专业基础课蕴含的育人元素不同，比如在编写经济管理类课程教材时，应侧重于加入敬业诚信、企业家精神、国家发展的历史文化等精神层面的知识，使学生在上专业课的同时获得精神内涵的提升，从而树立良好的职业道德；在编写电子计算机类课程教材时，应侧重于加入专业前景、行业知名企业文化、职业素养等人文情怀的知识，使学生加深专业认同感，增强爱国意识。院校应以自身办学特色为基础，根据国家和行业的发展趋势，开发有利于各类专业基础课程实施“课程思政”的教材，以便于专业课教师教学，从而有效地实现立德树人的任务。

高校推行“课程思政”建设，不仅需要校党委工作部门和教务主管部门的顶层设计和统一规划，还需要各专业教师的参与，根据不同专业的知识体系、学生的生源特点，凝练出个课程的育人目标、元素和方法，为“课程思政”的开展保驾护航。首先，“课程思政”的实施需要以课程教学目标为依据，高校的课程目标分为知识、能力、素养三方面。“课程思政”的理念在专业基础课中的实施便体现在素养目标之中。对于高校来讲，无论哪一门专业课程，根本目标都是培育技能应用型人才，而实施“课程思政”，则是将此目标提升为培养高素质技能应用型人才。通过专业教育，使学生掌握行业相关的规范与道德，培养学生遵守职业道德和规范的职业精神。其次，在确定好思政育人目标之后，对于思政育人元素开展全面、深入的探究。相关工作进行期间应对专业课程开展妥善合理的结合，通过思想政治理论教师的指导，从课堂教学的各个环节进行凝练，通过讨论和分析，确定符合专业课程实施的思政育人元素。选取的思政元素一定要紧密与专业课程相结合。最后，将课程育人元素通过课堂教学有效的呈现，实现课程育人优势。根据“课程思政”的融合性和隐蔽性特征，要求专业课教师在教学过程中，在课堂中不断渗透“课程思政”的元素，引导学生学习专业知识的同时获得职业素养的提升。隐蔽性说明“课程思政”是借助于专业课程这个主渠道来开展思政教育，但一定要适量适度，不能喧宾夺主。

（二）加快完善专业课“课程思政”师资队伍建设

1. 加强专业基础课教师对“课程思政”的认识

不断加强专业基础课教师对“课程思政”的认识，是落实“课程思政”建设的前提。一方面，高校应组织专业教师通过会议、讲座和培训来学习党和国家的有关政策和精神，深化专业教师对“课程思政”概念的理解。另一方面，专业课教师应积极响应学校“课程思政”教学改革理念，在自己的课堂实践中加深对其内涵的理解。“课程思政”不是简单地在专业课程教学活动中加入思政元素，“课程思政”有益于提升专业课程的教学质量和教学效果。此外，通过“课程思政”在专业课程中的实施，唤起专业课教师教书育人的初心。专业课教师在推进“课程思政”实施的过程中，可以选取与专业知识相关的并带有德育因素的教学案例，让学生通过网络的方式进行提前的预习，提升学生对课堂的兴趣，有效落实“课程思政”理念。

2. 提高专业基础课教师思想政治理论水平

专业课教师不仅要有深厚的专业知识和技能，还需要不断提升自身的思想政治理论水平，正确认识知识传授和价值引领之间的关系。目前高校对专业课教师的思想政治理论提升主要有以下几个方式：第一，学院常态化思想政治理论学习。利用集中会议的形式，组织教师学习最新的教育教学文件及重要会议精神，通过学习提升教师对国家政策、教学理念的认识。第二，发挥本校思政教师的引领作用，加强思政老师和专业课教师的联系。学校可邀请思政老师针对自己专业情况，开展相应的专题讲座。第三，线上线下培训课程学习。高校职能部门可以根据实际情况，鼓励专业教师积极参与思政理论培训，培训后可在自己院系进行分享交流，扩大受益面。专业课教师的个人的思想政治理论水平关系着“课程思政”的实施效果。因此，职能部门应提供多样化的培训模式，指导他们掌握基本的理论内涵，坚定正确的政治方向，有效地提升专业教师的思想政治理论知识。

3. 提升专业基础课教师“课程思政”教学能力

专业基础课教师专业及学术研究方向大多与所任教专业课程相关，专业基础课“课程思政”教学要求将思想政治理论运用于专业知识传授过程之中，这就要求专业基础课教师具备扎实的“课程思政”教学能力。只有具备扎实的理论基础，才能更有把握地实现课程育人目标；部分教师是非师范专业毕业的，但其有着丰富的专业知识，但缺乏课程育人能力，因此要结合学校办学特色及学生生源特点，在课程教学中融入“课程思政”元素，将“课程思政”与知识相结合，实现课程育人功能。具体可以通过一下方式进行。

一是从我国传统文化中寻找与专业课程的结合点。通过小事体现为人处世的真理，通过小人物呈现伟大的爱国情怀。21 世纪是知识经济时代，与此同时，现代化的信息技术在社会各个领域的应用在逐步扩大，再加上经济全球化的作用，对我国高校教育的改革发展产生了极大的影响，其中一个非常明显的表现就是高校教育出现了随波逐流的问题。纵观很多高校的课堂教学活动，发现在课堂活动中渗透着西方大量的流行思潮，在高校学生群体中也弥漫着个人主义的思想和作风，而中国传统文化则被大家忽略，尤其是人文精神被打入“冷宫”。目前的高校学生非常缺少对中华传统文化的认知，更是不了解传统文化的精髓所在。在课堂学习之外，由于受到诸多外来文化的影响，学生对传统文化不具备正确、客观的认识，缺乏学习兴趣，也不具备传统文化观念，甚至产生了很多极端认知，彻底否定传统文化价值。这样的做法不仅会影响传统文化的认同，还会影响传统文化的继承和发扬，让应有的社会文化及文化主导性逐渐消失不见。传统文化可以说是物质与精神遗产的综合体，必须在当代得到传承和发扬。因此，要充分挖掘传统文化中的积极要素，并使其能够融入高校“课程思政”观念中。立德树人是高校的根本任务和伟大的教育使命，中国传统育人观念中包含大量的积极要素，这些都是非常值得挖掘继承和创新发展的，通过将这些要素融入大学精神，能够为高校“课程思政”教育提供强大的动力。将优秀的传统文化当作大学精神之根，并用现代文明土壤对其进行培育，实际上就是让传统文化中的有效元素和“课程思政”理念融合成一个整体，进而长出属于高校自身的“精神大树”。

二是深刻剖析社会主义核心价值观，并将其加入各类专业基础课程课堂教学中，帮助高校学生解决理想模糊、价值偏差等不良状况。引起学生对社会热点、痛点等新闻的关注，提高他们个人道德的同时对其责任意识进行有效养成。

三是，专业基础课教师应提高把握思政教育规律的能力。具体而言，“课程思政”教育是做人的工作。因此，有必要深刻理解思想政治教育的客观性，并把握教育教学规律，以学生为中心，将热点问题融入课程教学，并通过问题导入来回应学生。例如，经管类课程可以纳入政府为何采用有针对性的减税减费政策，并实施稳定而灵活的货币政策的内容；电子课程可融入中国5G技术受到美国领导的一些西方国家限制的原因，通过课堂教育的有效融入，辨析中国和国际的发展差异，并以全面、客观的方式了解今天的中国与外面的世界，与时俱进、不断创新。课程的教育目标应紧紧围绕党在新时期人才的新要求和新挑战，培育高素质创新型的专业人才。

（三）优化专业基础课“课程思政”保障体系

1. 加强顶层设计，完善“课程思政”管理中层架构

“课程思政”是在教学理念及实践层面合理有效地创新，这项工作涉及教师考核、教学改革等多方面的内容，牵涉党委工作部、人事处、教务处、马克思主义学院等多部门协同推进，因此高校必须加强顶层设计，理顺“课程思政”整体工作思路，合理分工，形成科学高效的工作机制。毛主席曾经说过：“政治路线确定之后，干部就是决定因素。”高校“课程思政”教育理念是国家对教育的要求，因此需要学校干部的落实。国内各高校“课程思政”顶层设计架构基本相同，即校党委书记作为第一责任人，分管校领导为分管负责人这一点在框架内具体划

分各校区别很大。高校必须根据校情实际，明确到底是党委宣传部、教务处、马克思主义学院等哪一部门来负责本校“课程思政”的管理和协调。一方面，要统筹兼顾，做到横向协作、各司其职、齐抓共管；另一方面，要极力避免“各司其职”的分工造成“五龙治水”局面，出现成绩、成果，各部门蜂拥而上，出现问题、难题则分别维护本部门利益。所以，在高校“课程思政”中层管理架构内必须明确指定唯一的部门（学院）来负责管理、协调“课程思政”在本校的落实，并给予充分的管理、资源配置权限。高校“课程思政”管理中层架构中，党委宣传部、教务处、马克思主义学院等重点实施部门应细化明确参与“课程思政”管理、协调及指导人员的权责，严格按权限实施层级管理，提高工作效率。上述中层部门“课程思政”权责可细分为：部门（学院）正职为第一责任人、部门（学院）分管副职为直接责任人、落实“课程思政”的科室（学系）任为工作负责人。校党委的职责之一是宣传和执行党的路线，“课程思政”作为国家提倡的教育理念，代表党中央的意见，因此，“课程思政”需要通过校党委的带动，促使其在高校的落实与推动。高校应立足自身办学特色和学生特点，将专业课程作为载体，构建符合其要求的“课程思政”体系。相关领导人员应对“课程思政”保持较高的关注，明确自己的主体责任；教务处应配合加速课程标准的修订，教材的开发及教学技能的指导；人事处应根据教务处的改革进度，制定出相应的激励机制，从职称评审、干部提拔等多方面调动专业课教师参与“课程思政”实施的主动性。

高校的二级学院应明确建设职责。对于“课程思政”管理、协调及指导部门，二级党组织书记为第一责任人。同样在高校管理体系内，数量相对较多、具体负责教学实施的二级院系第一责任人也应是相应的党组织负责人。党员教师必须服从所在院系党组织的工作安排，如有异议，可通过正常渠道向上级有关党组织反映。非党员教师，由二级院系党组织中的统战员来加强管理和协调，并及时将向上级统战部门汇报工作情况。二级学院是推行“课程思政”建设的直接职责部门，应根据自己的专业特色、师资现状组建合理高效的实施团队，制订符合专业特色的“课程思政”实施方案。专业课程领域中课时量长期稳定，且任教教师较多，实施“课程思政”的团队能力相对更加凸显。最后各部门应紧密沟通，随着“课程思政”在专业基础课教学中实践情况，进一步完善制度修订。

高校应设立党委教师工作部，思想政治工作对象包含学生群体也包含着对全体教师的价值引领和政治教育，因此在学校中层管理组织框架内成立专门的教师管理、思想教育负责部门很有必要。传统意义上，学校教务处负责教学和教师管理，但现实中教务处却只负责本科生教学。因此有些高校通过成立“本科生院”

来替代原先“教务处”的职责，研究生教学则早有“研究生院”。高校“课程思政”实践无论是教务处负责管理、马克思主义学院负责牵头，还是各二级学院独立运行，学校应在校党委统一领导实施的框架内，设立党委教师工作部来专门负责对课程教师的统一管理，来加强党对教师队伍的统一领导，尤其是立德树人理念的思想引领。

2. 完善“课程思政”建设评价体系

“课程思政”评价体系能帮助教师反思教学中的不足，更好地优化他们的教学方法和内容，并激发学生的学习积极性，有助于“课程思政”进一步的推广。专业课教师应通过评价体系反思“课程思政”教学中的问题，如“课程思政”实施的时间点是否恰当，与专业知识的融合是否合适，等等。针对问题应及时找出应对策略，优化专业基础课程的“课程思政”设计。“课程思政”是一个潜移默化的过程，可能短时间无法做出准确的评价，因此要采用过程性评价方法，根据学生情况制订合理的评价标准。评价工作开展期间，应将发展作为评价原则，通过价值观、态度、情感等层面对学生的发展保持关注，为学生建立个人发展档案，根据动态进行评价。要科学地设定评价主体。由于“课程思政”的建设涉及多方面，很难将学生的发展具体归结于哪一方面的工作，因此它的评价主体呈现多元化的特征。专业课的“课程思政”评价应以专业课教师为主，思想政治理论课和辅导员为辅，通过教学活动和管理活动共同推动开展的。

随着教育理念的改革和创新，“课程思政”下的课堂教学理念更加注重教学目标和教学效果化，通过合理的教学行为来改进课堂教学效果。①课堂教学目标的评价标准。课堂教学始终是一个长期的过程，教师始终处于一个主导的地位，随着课堂教学方法的不断改进，诸如慕课，翻转课堂等课堂形式的出现不断地刷新传统的课堂教学理念，教师的职能也从原来的单一教学变换为学生为主体的教学方式，评价方式也从过去的只针对教学行为、教学方法、教学内容等方式变换为思想教育、课程设计理念、语言表达、解决问题等思维方式。②课堂教学方法评价标准。教学方法是每一个教师在课堂上根据教学内容而开展教学活动的具体表现，涉及课前的组织实施到课中讲解及课后指导。而现代教育理念要求教师和学生处于同一个平等的地位，现在课堂的评价教学方法应该转变传统的单一评价理念，将重点关注教师在思政的背景下能否从过去单一地进行知识传递转换为学生学习掌握的促进者，使学生的思想始终与当代国家对于大学生的要求一致，是否能够充分的调度学生主动参与教学过程，是否能通过这种思政教学方式引导学生在正确的思想指导下的主动探索知识的能力。

课堂活动具有较强的专业性和不同性，因此不同学科的课堂评定标准无法使用统一的方式来进行价值判断。但同行评价可以做出非常专业的评价，能够及时地发现问题，更容易发现问题，给出更加专业的指导意见，同行之间可以在课后进行互评。在领导干部评价方面，一般分为学校，分院两个层次的评价，学校层面的评价应该予以重视，而分院领导对专业课程更加熟悉，在期中和期末过程对全院教师的课堂教学评价进行检查，可以促进教师之间教学方法的相互沟通。

3. 优化“课程思政”教学环境

专业课教师需要通过各类培训提升自己的思政意识、思政理论知识及思政教学能力。学校应统筹规划，各职能部门应充分认识到专业基础课程实施“课程思政”的重要性。要想提升学生课堂学习的积极性和主动性要需通过各种教学方式，增强课程的吸引力。比如，电子类专业基础课教学过程中，用国内知名企业华为公司案例导入课程，学生比较熟悉容易接受。同时，在讲授知识点的过程中，可结合华为公司的相关产品进行融合，引导学生学习专业知识的同时对本专业的职业规划有更清晰地认识，相关部门应建立相应的激励机制，鼓励专业课教师积极申报“课程思政”类研究课题和教学能力大赛，对突出表现者提供相应奖励。

4. 建立和完善实施制度，加强“课程思政”资源保障

坚持责任主体同时也是权力主体的理念。在学校内部，对于“课程思政”直接负责的校级部门要授予教师管理、教学管理及“课程思政”资源（包括人力资源和财力资源）调配的直接权力，没有教师管理权限的部门很难担当起“课程思政”推进职责。比如新设的“党委教师工作部”加强对教师的日常管理，并给予惩处和嘉奖权，避免政治不合格、道德水平低下的教师承担教职工作。投入与对应责任相匹配的资源，课程教师所对应的日常管理、教学管理通常也在二级院系。一所学校，校级层面的资源调配与统筹往往较为顺畅，但是在二级院系，其资源的获取能力、分配水平经常是不均衡、矛盾突出的，甚至职责难以明确。尤其是当前“课程思政”教学改革与教师所承担的学科利益、科研成绩、职称晋升等无直接联系的状况下，二级院系若对本部门教师“课程思政”实施缺少相应投入或应有的关注，会导致“做与不做一个样”，教师履行“课程思政”教学改革的积极性就会严重受影响。

第五章　新时期“课程思政”建设

新时期“课程思政”建设，需要调动起所有的育人主体，挖掘更多的思想政治教育元素，建立德育共同体，形成育人合力，通过显性教育与隐性教育相结合的方式帮助学生塑造正确的世界观、人生观、价值观。全面推进“课程思政”建设，落实立德树人根本任务的战略举措，决定着社会主义事业的接班人问题，决定着国家长治久安，影响甚至决定着民族复兴和国家崛起。

第一节　新时期“课程思政”建设现状分析

一、新时期“课程思政”建设的必要性

（一）实现立德树人根本目标的有力支撑

教育的根本就在于培育学生成长成才。高校大学生思想状况正处于逐渐成熟的时期，但也存在着很多不稳定、矛盾的因素。随着社会实践活动的增多，世界观、人生观、价值观虽已基本形成，但部分学生在认知上仍有局限，对一些复杂陌生的信息缺乏辨别能力，对事物的理解分析不够，缺少正确观点的指引，特别容易进入诈骗陷阱，阻碍学生的健康发展。在高校，偶尔听到个别学生或是因为过度消费，陷入高额利息的校园网贷中；或是经不住金钱诱惑，掉入以高薪工作为诱饵的骗局中，更有甚者误入传销组织无法脱离，种种情况都是学生必须高度注意的。为更好应对此类风险，“课程思政”的深入推进将进一步引领学生形成正确的价值观念，培养学生的责任意识，积极学习，脚踏实地，实现量变到质变的转化。新时期，落实立德树人根本任务，全面推进“课程思政”建设，就是要将价值观引导于知识传授和能力培养之中，树立正确的价值观，提高时代新人的知识与能力，

实现“一体化”与“融合式”培养。现阶段，高等院校从思政课程到“课程思政”的教育教学改革已成为实践的必然，在现有基础上采用科学有效的路径，全程、全员、全面提升“课程思政”在时代新人培养过程中的综合效能，需要打通教育教学过程、内容、管理等环节，构建过程优化、内容凝练、管理创新的新时期“课程思政育人共同体”。

（二）驱动大学生全面发展的内在需要

随着新时期的深入发展，社会对人才的培养的要求逐步提高，有深度和广泛的专业知识、熟练和扎实专业技能、高水平的综合素质高成为衡量人才的标尺，同时也是教育的理想追求。高校要积极履行人才培养的职责，必须始终服务于青年学生全面健康发展。“课程思政”的建设促进了各类课程与思政课程的融合，以达成协同育人目标，目的在于使学生个性特征得到彰显，充分发挥大学生的自身优势，提高大学生应对社会挑战的能力，提升大学生的综合竞争力，并伴以优良的道德素质以及健康的心理素质，有效应对社会的考验。

（三）构建“三全育人”格局的基本要求

中共中央国务院印发《关于加强和改进新形势下高校思想政治工作的意见》再一次突出强调了高校要把思想政治工作贯穿教育教学全过程。高校的思想政治工作要立足育人目标，“课程思政”特别强调各类课程，以及各教育教学主体都要承担起育人责任，帮助和指导学生在学习专业课程的同时提升思想政治素养，这与“三全育人”①理念高度符合，并且统一于人才培养体系之中。“课程思政”建设要求所有教育主体特别是教师担负起育人职责，扭转仅仅依靠思想政治理论课进行思想政治教育的局面，将育人目标贯穿大学生学习生活全过程，从而带动“三全育人”格局的形成。

（四）有效应对国内外复杂形势的现实要求

新一代信息技术革命和我国经济结构调整，需要当代大学生发挥聪明才智和创新创造力，平稳有序地推动我国经济高质量的发展；就需要大学生能够充分应对发展道路上可能存在的各种壁垒、各种体制机制障碍，尤其是各种不确定因素的发生，如在疫情防控期间，我们大学生应该基于自身力量做出应有的贡献，同时对于如何应对突如其来的疫情要有基本合理准确地判断。从外部来看，在内部

---

① 中共中央、国务院 . 于加强和改进新形势下高校思想政治工作的意见 .2017 年 2 月 27 日

经济矛盾和社会矛盾并行的大环境下，中国对外经济拓展受到源自外国政府、外在机构的阻挠、干扰和破坏，就更加要求当代大学生提升应对风险的能力，结合“课程思政”教学学习到的知识予以分析判断。高校“课程思政”建设是提升当代大学生应对复杂内外部形势变化的现实要求。

二、新时期“课程思政”建设面临的困境

新时期“课程思政”理念具有深厚的理论根基和现实依据，但是这只是一个合理性维度的思考，其具体推进过程乃是我们关切的重点。“课程思政”的建设取得了初步成效，但是仍然存在着“形式大于内容，结构大于功能”的问题。开创新时期“课程思政”建设的新局面，不可避免地需要解决建设过程中遇到的各类现实问题，为“课程思政”的推进减少障碍。课程协同思想政治教育是一项系统工程，它涉及课程资源整合、教育主体协同和体制机制构建等诸多方面。积极应对新时期“课程思政”建设过程中的一系列问题才能精准而有效地实现各类课程和思想政治教育的衔接。学者对“课程思政”协同育人的运行实施进行了一定广度和深度的研究，但是学术界缺少对“课程思政”协同育人运行机制的研究。学者对于“课程思政”运行机制的研究比较分散，没有建立明确的运行机制，整体上还比较模糊。“课程思政”运行机制的明晰是其具体运行的基础和前提，所以运行机制方面的研究需要加强和深入。当前学者从多方面着手对“课程思政”协同育人的运行实施进行了探索，但是在某种程度上来看，这只是一种理想状态或者说是一种育人目标指向，还缺乏对具体运行过程的现实性研究。对“课程思政”协同育人路径的研究建立在他们对现实问题的思考上，所以他们所提出的路径选择具有相应的价值和意义。虽然他们也从整体上对路径进行了构思，并且也有很多人从自身的研究领域和教授的课程出发提出了一些相对具体的措施，但总体而言，对于路径选择的研究比较零散且处于初步探索阶段。

（一）对“课程思政”理念缺乏统一认识

首先，德育之“德”与立德树人之“德”存在混淆。学校管理者层面，校领导对“课程思政”立德树人的方向、目标等认识较为明确，具体将“德”的内涵深化为职业道德、生命价值与奉献、友爱的人文关怀。但是，政治认同与职业道德、个人道德有共通更有相异之处，尤其是随着当代政治生活的发展，国家政治这一层次与具体的社会道德及个人层次、个人意识中的道德准则是有着本质区分。

其次，推行“课程思政”的在自觉性不够。有调查发现，教师在日常教学中

存在通过个人想法或举例表达对国家、社会或人生的看法来教育学生的现象，但在具体落实“课程思政”教学改革的实践中，经常性开展价值观宣教的教师比例不足一半，且集中在部分学院。现实环境中实施“课程思政”的主要动机来源是为了实现学科评估相应指标、示范课程建设、上级督导及发现问题后的补充或整改，而缺乏实施“课程思政”的自主性、自觉性，多数是被动、被要求实施。另外，考核、评估的指标化往往导致教师内生动力受损，教师主观实施的积极性、自觉性大受影响。还有，专业教师本身良好的、自觉的价值教育出发点及愿望不得不妥协于较为繁重的专业教学和科研任务，主观开展“课程思政”的自觉性、能动性被“硬性工作”“硬性任务”挤占。正如我们在对某大学专业课教师访谈过程中，某教师所言“上课都来不及”。由于对“课程思政”教学理念的本质内涵、目标意义把握不够、领会不深，导致了认识不到位、不充分，这也在实际实施过程中导致教师自觉性不够。

（二）中层组织架构缺少权责细分

校党委宣传部负责全校的思想政治工作，教务处是“课程思政”教学改革的管理部门，马克思主义学院是“课程思政”教学改革的指导部门。在落实层面，党校委宣传部通过组织全校性的相关理论学习活动来开展“课程思政”引领；教务处也发挥了“课程思政”的管理职责，对二级学院贯彻落实明确提出了相应要求；马克思主义学院受邀指导各二级学院开展“课程思政”，同时也时刻围绕“课程思政”与宣传部、教务处保持协同会商机制。宣传部的思想宣传、舆论宣传；教务处的日常教学运行、学科建设；马克思主义学院的思想政治理论课教学等都是学校工作体系内相对艰巨、繁重而且非常重要的工作任务。因此尚未明确：宣传部下属哪一科室来贯彻“课程思政”，教务处谁来具体管理“课程思政”，马克思主义学院到底由谁来负责。

高校在推进实践过程中也纷纷都明确了“课程思政”上层管理层级即高校党委的主体责任，党委之下有分管校领导负责，然后确立主要部门来牵头负责管理，比如学校教务处负责、马克思主义学院引领、二级学院自行组织三种实践模式，其有着各自的优缺点，孰优孰劣暂难考量。但是在制度安排和运作实践中，仍然无法确定高校“课程思政”中层组织架构内的教务处做什么，马克思主义学院做什么，二级院系该承担什么责任。甚至在学校党委的宣传部门、学生工作部门、统战部门的分工协调过程中厘不清各自职责，责任共担往往会造成相互推诿。因此，高校内部的“课程思政”组织体系构建、党委之下的责任主体明确、部门间的协同机制仍需确立和完善。

再到二级学院中层组织层面，多数高校的二级学院党组织负责同志，如分党委、党总支、直属党支部书记并不直接分管教学，多数管理干部出身的基层党组织负责人并不参与教学，导致现实中二级学院党组织负责人对教学、对教学管理没有足够的话语权，对所在院系的任课教师也没有直接管理权限。并且部分分管教学的二级学院副院长不是中共党员，有的是民主党派。所以，二级学院“课程思政”落实存在着三方面的问题：一是党建引领“课程思政”教学不够，党组织领导“课程思政”教学改革没有抓手，尤其是对非党员教师的“课程思政”落实需要加强指导和管理；二是教师的政治素养、政治觉悟需要得到切实有效的提升；三是学校学科属性、专业背景、教师学习背景导致教师教学过程的管理难度较大，二级学院对教师缺少真正有效的教学实施管理、约束机制。

（三）高校各教育主体间缺乏协同合作

“课程思政”是一项系统性复杂性工程，旨在使高校所有课程和各教育主体共同担负育人职责。学校的管理层面没有具体的实施方案和考核要求，教师推进“课程思政”建设的动力不足。对于专业课教师和思政课教师来说，教学方法较为陈旧，很多时候甚至是直接套用，形式僵化，难以取得新的成效。调动各类课程的育人积极性主要通过会议、讲座等形式，进行精神传达、思想交流或者经验分享，另外也有一些学校通过积极开展第二课堂活动来提升师生参与的热情，但是在具体的执行过程中，很多课程的第二课堂都只是流于形式，单纯为了应付任务，能够取得的实际效果微乎其微。此外，高校各教育主体“各自为战”，不合作和软对立的状态日渐常态化。因此，当前很多高校受到众多因素的影响，在协同合作方面仍然面一些现实难题。

“课程思政”理念尽管在高校中已基本达成共识，但依旧无法落实，之所以存在这种情况，最主要的原因就在于高校各部门之间缺乏沟通和交流，大家都只关注自己部门的工作，不在意其他部门的工作开展情况。从表面上看，高校教职工都是“课程思政”的推行者，是大学生思想政治教育者，遍布校园的各处，可谓“人人都育人，时时都育人，处处都育人”，实则没有达成协同发展。特别是高校后勤改革后，学生宿舍和学生食堂由社会承办，属于后勤管理，各院系辅导员不予干涉，这样的管理模式导致思想政治教育在后勤管理落实不够到位。高校宿舍的有些管理人员，只是管理好学生日常起居，不承担思想政治教育上的职责，造成了学生宿舍区与育人环节的脱节；另外，还表现在院系管理与学生宿舍区管理脱节的管理模式导致了大学生思想政治教育问题出现在院、系之外的“盲区”，发生在学生宿舍或食堂的违纪事件、不良现象得不到及时地关注、教育和管理。这就使得在高校中，管理和后勤人员大多数就只是在其位谋其职，多余的事情跟自己没有多大关系，态度上比较怠慢。

（四）专业课程与思想政治教育功能脱节

1. 对专业课程的思想政治教育功能在认识上存在明显不足

没有树立好“全课程育人”的教学理念。部分人认为专业课程与思想政治课程各自具有明确的分工，应各司其职，将二者割裂来看。这一看法主要是基于当前高校长期形成泾渭分明的育人格局，所有主体都默认专业课程负责智育，思政课程负责德育，二者间，界限分明，忽略了课堂所承载的教书育人功能。

2. 当前高校的专业课程人才培养体系弱化了专业课程的育人功能

高校教育工作始终围绕人才培养展开，虽然不同专业对于人才培养的具体要求各不相同，就目前来看，许多专业课程制订的人才培养体系，在具体的实施中忽视了促进学生全面发展的总目标，弱化了课程的思想政治教育功能。在教学目标的落实上，只强调专业知识传授与专业技能培养，忽视了价值引领的目标，使课程育人目标趋于窄化、片面化，造成知识、能力与价值三维目标的割裂，使专业人才培养体系只停留在表面，并没有落到实处，这与“课程思政”的建设目标相去甚远。

3. 对专业课程所蕴含的思政资源运用不够准确

在“课程思政”教学中，有效运用思想政治教育资源能有效推进“课程思政”的实施。目前部分学校缺乏改革创新意识，思政资源运用不够准确，出现了一些形式化、泛思政化、“一刀切”的问题，从而使“课程思政”教学内容短缺，深受传统教学方法的影响，思想政治教育与专业课的融合僵化和显性化。有的学校采用“照本宣科”“照猫画虎”的灌输式课堂教学形式，只注重理论传授，忽视实践教学；课堂上缺少教学互动，只是采用学生集体回答的形式，缺乏针对性；第二课堂生搬硬套，忽视学校特点、课程特色、价值观念的注入，学生缺乏学习热情，主动性不强；“课程思政”的教学内容过于空泛抽象，偏离专业课程背景与学生生活实际，选取的教学案例陈旧乏味，缺少现实意义；对现代信息技术运用不够熟练，没有发挥互联网在线教学的及时便捷的功能优势。没有充分利用“课程思政”教学资源，“课程思政”建设存在形式化的误区，不利于学生所接受，没有将教书育人工作落到实处，甚至可能导致负面效应，不利于高校“课程思政”体系的良好构建。部分高校还不能很好地把握专业知识与思政元素的契合点，只是采用说教的方式，简单直接地把二者连接起来，不仅不能对学生产生价值引领作用，反而会让学生感到过于唐突和刻意，甚至会产生反感，这样的“课程思政”成效是我们所不想见到的。总之，高校隐性思政教育的教学资源有待进一步挖掘。

4. 专业课教师的育人意识和能力不强

专业课教师的育人意识和能力存在一些问题，部分教师育人意识不强，缺乏课程育人的观念和意识，忽视教学过程中的思想价值引领，误认为学生价值塑造和德行的成长等思想政治素质的培养是思政专业教师的工作，专业课程教育只需要完成教学任务就可以了。还有部分教师误认为自己所讲授只是突出技能培养的专业课程，发挥不了立德树人、价值塑造的效力。这些认识、看法或教育习惯的存在，一定程度上造成了高等学校思想政治工作的“孤岛化”“表层化”等问题的形成。高校更为重视教师专业能力的培养和提升，对其综合素质的培养和考核较为忽视；高校招聘教师重视的是其科研能力、学科带头能力，不重视教师的思想政治教育能力，这些做法在一定程度上不利于教师形成对立德树人与教书育人的正确理解，同时降低了教师在专业教学过程中开展“课程思政”的积极性。同时高校缺乏对教师系统性、养成性的培育，教师也就不重视“课程思政”育人理念的实施运用。另外，由于专业教师从事隐性思想政治教育的经验较少，“课程思政”育人能力还有待加强。专业课教师在思想政治理论掌握方面处于劣势，因此在“课程思政”教学实践中往往偏离了高校立德树人的初心。

（五）学生对“课程思政”积极性不高

高校“课程思政”实践最终要落实到大学生价值养成上，但就目前“课程思政”实践来看，许多学生不了解“课程思政”的内涵，不能区分“课程思政”与思政课程的差别，“课程思政”理念有待进一步强化。还有部分学生已经习惯了之前的专业课堂教学模式，认为思政教育与专业学习无关，思政资源与专业课知识的融合根本没有必要，对专业课中讲授思政内容不感兴趣，这一现象也从侧面反映了专业知识与思政元素的融合还停留在表面，只为了思政而思政，未形成二者的基因式融入。

高校在实施“课程思政”的过程中，在对大学生实施思想政治教育工作时，一定要不断地顺应时代的发展，改进和完善方式方法。然而，目前受我国传统教育的影响，思想政治教育中教师与学生之间的互动交流，教育形式相对还是比较单一，多采用以教师为中心的”填鸭式“教学方法，不断灌输，老师滔滔不绝成为课堂的主角，而学生只能被动地接受，积极性和参与度不是很高。教育的主要形式成为毫无营养的灌输，学生不能完全吸收和接纳，很多的知识在学习中无法变成实际的东西，整个学习的过程基本上不存在互动和交流，没有演讲、辩论、观摩等方式进行教学辅助，只有“一本书、一支笔”，造成了大学生对于这样的课程没有积极性，导致旷课、睡觉等现象出现。同时，教师忽视了知识对于学生实际作用，没有尊重学生个性发展。

三、新时期“课程思政”建设存在问题的原因

（一）“课程思政”理念认识不到位

1.“课程思政”教育理念学习力度不够

部分高校师生缺乏持久性的“课程思政”育人理念，一方面，是高校党委机构、学院机构对“课程思政”教育理念学习次数较少，仅在中央或者地方党委、政府，或者相关教育部门培训之后才进行次数较少的学习，导致其重视程度不够，因此其在专业课堂中融入的思政元素也是断断续续的，“课程思政”教育没有连续不断地进行。另一方面，从学习形势来看，既有的学习都以开大会的形式，其用意是要体现出学习内容的严肃性，但针对大思政模式下的具体内容的具体落实在学院层面和学院思政辅导员层面相对较小，他们更多地是针对学院学生做工作，针对学院教师的培训、考核、提醒等环节都比较少。

2.在理念认知上有明显不足

不少教师大都是根据自己的学识经验从字面上去理解，进而粗略地把握它的内涵。相对来说，人文社科专业的教师对这个问题更容易领会，但对微生物学和工科专业的教师来说，准确把握起来有些难度，概念界定不够明确。从当前“课程思政”工作的推进现状来看，各个高校教育教学部门对“课程思政”概念的认知也有所差异，致使各高校的推进策略不尽相同。有的高校对于“课程思政”内涵认知全面，可以从学校层面制订较为完善的推进体系，制订系统可行的“课程思政”实施细则，引导全校各单位积极响应，规范学科专业人才培养方案和课程大纲，鼓励专任教师参与“课程思政”教学，制订科学合理的评估机制。有的高校则存在认为“课程思政”是“一阵风式的教学理念，配合完成几个动作即可”的敷衍心态，极少数学校出现了“课程思政化”的倾向，不管什么课，都生搬硬套，

严重迟缓了“课程思政”的建设进程。

（二）思想政治教育专职教师队伍精力相对分散

思想政治理论课教师队伍和辅导员作为达成“课程思政”教学目标、完善“课程思政”教学模式的主力军，其在具体工作中表现出缺乏责任感和使命感的这一情况是由较为复杂的因素所导致的。经过综合调查分析，导致出现这种情况的关键原因是教师日常工作的负担相对较重，他们除了完成相关的专业课的教学工作，还有日常繁重的工作量和一系列科研审批项目，将使得思想政治任课教师无法较好地释放工作压力，并且由于课堂效果往往达不到理想设定，同时在一定程度上并没有获得校方领导和学生的认可，因此在工作中往往出现一系列不积极行为。辅导员平时的工作更是繁杂，使得大部分高校辅导员对于工作的懈怠，且有时候学生对于辅导员的不理解，也使得他们在做工作时，没有积极性。因此，思想政治教育专职教师队伍精力分散，导致“课程思政”教育主要力量有所削弱。

（三）“课程思政”建设内部管理存在缺位

1.“课程思政”建设组织力度不强

高校“课程思政”建设管理存在缺位还体现在组织力度方面，这里的组织力度多是指在学院层面、党组织层面、高校社团层面的组织力度存在较大的提升空间，而针对学校党委层面的组织力度大多已经执行得比较到位。“课程思政”建设组织具有“上强下弱”“上急下缓”的特征。高校“课程思政”建设各环节各岗位发力不一致，导致高层“竭力吆喝”，但基层“不见端倪”，其主要原因还是基层“课程思政”建设的重视程度不够，导致组织力度不够，例如，本应组织基层教师参加特定的培训学习因其他教育教育事项给挤占了，“课程思政”建设的社会实践由于教育教学安排不合理给推迟或者取消了，总体上规划安排欠缺，统筹能力亟待提升，等等，导致出现组织力度不强，减缓了“课程思政”建设进程。

2.“课程思政”建设部分管理者权责不明

高校“课程思政”建设管理存在缺位的原因之一是高校“课程思政”建设部分管理者权责不明，一项政策落实到基层学院、基层党组织、基层思政辅导员层面就出现了新的变数。一是如何进行详细高效的精神和思想学习，以何种学习方式将更容易帮助高校教师接受并快速地执行；二是对于“课程思政”教育理念学习之后，如何对学院专业教师、思政教师进行激励，如何促进专业教师之间、专业教师和思政教师之间进行协同育人。针对上述各种疑问，针对特定事项给予特定岗位特定的边界，有助于厘清权责问题，防止出现由于权责不明引致的“课程思政”建设滞后的问题。

（四）外部社会环境的不利影响

外部社会环境对高校“课程思政”建设同样存在一定的影响，主要体现在市场化体制改革下强化经济基础优先的思维、信息化发展加速的多元文化的冲击两个方面。

1. 过度追求经济发展的影响

经济与社会的快速发展导致部分大学生更加注重个人价值的实现，而忽略了整体维度的价值。在这种模式下，学生的行为都具有明显的利益特征，实现利益最大化才是其奋斗的目标。经济利益追求与树立正确价值观并不违背，相冲突的是以个人为中心的经济利益最大化的追求容易产生示范效应，忽略了其作为社会主义建设接班人应承担的时代使命和历史责任。根据访谈调研，部分教师反映当下这种个人经济利益最大化的社会环境已经开始流向高校校园，部分大学生为了实现个人短期内的经济诉求，占用学习时间进行网络直播，甚至出现低俗、媚俗的直播现场；还有部分大学生在经济利益面前过分膨胀，享乐主义、拜金主义的情绪开始占据其生活空间，出现厌学、沉迷游戏等不良行为。最终导致这部分大学生只重视个人利益，忽略实际情况，出现更多的社会问题和道德问题，因此这种环境对于高校“课程思政”建设势必造成不利局面，使得学生遇到的思政内容会产生强烈的抵触情绪。

2. 多元文化产生的冲击效应

多元文化对高校“课程思政”建设产生的冲击效应主要是指西方文化对马克思主义理论的主导地位和权威属性的冲击，导致部分大学生的价值观出现选择困难。①多元文化导致个人偏向追求个人利益最大化，忽略了个人的批判意识和自省能力，更加忽略了集体的利益，容易导致大学生价值观扭曲，给高校“课程思政”建设顺利推进造成困难。②多元化冲击制约部分大学生正确道德品德的构建。一是因为立德树人的内涵是培养大学生的大德、公德，是为共产主义服务的，但是当下多元化的文化导致部分大学生对共产主义的信仰产生迷茫，认为其在短期内是难以实现的，因此会重塑个人关于马克思主义的认知，直接地制约了道德品德构建。二是多元文化的多元传播途径对正确的道德品德构建的制约。在信息化和网络化时代，多元文化的传播多以互联网、新媒体等途径传播，导致大学生在接受碎片化的海量信息的同时，缺乏正确的理解、分析、研究进而直接接收，间接地制约了正确道德品德构建。综合来看，多元文化对大学生的影响可以直接制约到大学生道德品德等价值观的形成，对高校“课程思政”建设产生负面抑制效应。

第二节　新时期“课程思政”建设实施路径

对新时期“课程思政”实施路径的探索需要建立在对客观现实的思考上，选择的路径必须具有相应的价值和意义。既要从整体上对路径进行构思，也应从自身的研究领域和教授的课程出发提出一些相对具体的措施。总体来说，要进行系统性构思和科学深入的研究，提出的路径实施意见不能过于笼统，缺乏针对性和指向性；也不能仅仅从某一具体课程的视角探讨如何适应“课程思政”改革，同样又造成了过于碎片和零散的缺陷。“课程思政”实施路径研究应该注重系统性和可操作性。高校的教育中一直以来将思政课程作为对大学生进行思想政治教育的主要课程，并且当前的思想政治教育面临着边缘化、“孤岛化”的境地，因此，单靠思政课程来实现对大学生立德树人教育的力量是薄弱的，“课程思政”要发挥有效的功效，做到各类课程与思政课程的合力育人。“课程思政”建设中，要善于发掘各类课程中的思想政治教育资源，结合各类课程的特点汲取理论营养，以学科理论知识为基础，调用课程中的思想政治教育元素，实现各类课程与思政课程合力育人，促进在其他各类课程中有机地融入思想政治教育元素。

一、强化思想引领，加强理念学习

“课程思政”的改革与发展是思想政治工作中马克思主义基本理论中国化的具体展现,加强高校“课程思政”建设的前提便是要强化思想引领,持续性地做好“课程思政”建设教育理念的学习工作，“课程思政”建设的主体从政治的高度认识到高校“课程思政”建设的重要性和紧迫性。具体可以从如下方面进行，第一，加强相关理论的全面学习。相关理论都是完整且严谨的理论体系，是高校思想政治教育的理论基础。各高校党委、各学院管理层、各党组织都应该加强相关理论的全面学习，提升自己认识事物发展规律的理论水平，在实践中指导“课程思政”的有序开展。第二，加强研究探讨交流学习。学习研究不能孤立进行，否则对于指导实践会引致不利的结果。各地区、各高校在加强上述相关理论学习的同时，应该加强研究探讨次数和交流学习的机会。通过研讨会、交流会等形式学习各个学者对于高校“课程思政”建设的不同理解和分析，特别是在实践中存在问题、存在问题的原因、实践路径的交流学习。随着时代的前进和形势的变化，指导实践的理论与实践的协同性会出现一定程度的差异，这便要求我们理论工作者应该顺势而为，持续推动理论创新，还要增强所有参与者的理论自信，持续强化高校“课程思政”教育理念的学习强度。“课程思政”建设领导小组应该在建设方案中明确学习频数，在选定合理的学习团队之后，统筹思政专业管理人员、一线教师人员的工作时间，增加学习次数，使得高校“课程思政”教育内容不应该仅仅局限于2016年全国高校思想政治工作会议上提及的内容，应该根据政治、经济、社会形势的变化增加时事内容，通过采用通俗易懂的课件向基层的“课程思政”建设的参与者进行传达。以党组织为单元开展的少数人集体学习的方式则针对性更强，且学习深度更足。对于学习的具体落实，还可以通过互联网线上学习的方式进行学习，如此更加灵活。

协同“课程思政”力量，提升“课程思政”执行力。学校开展“课程思政”工作，需要校内所有师生承担思政教育职责，发挥“课程思政”作用，还需家庭和社会的协同配合，以立德树人为共同目标，引领学生树立正确的人生观、世界观和价值观。因此，要健全校内外“课程思政”沟通、监督机制，在“课程思政”资源利用、“课程思政”作用发挥情况方面共享信息、共同探讨、解决问题；学校与家庭、社会要围绕是否正确引领学生的思想价值观互相交流、监督，在此基础上，学校综合考查校内外“课程思政”目标是否一致、“课程思政”内容是否相互承接、“课程思政”效果是否持续深化，综合考查学生对知识与价值关系的认知程度，集思广益，共同解决“课程思政”过程中的问题，优化“课程思政”内容。整合、共建优势“课程思政”资源，实现资源共享。校内物质文化和精神文化就包含有“课程思政”导向的资源，包括良好的学风、师德师风、校风、内含寓意的标志性建筑物等，以及各方面的“课程思政”资源；校外有各种爱国主义教育基地、中华文化教育基地等；家庭有家风、家训等，这些资源要按照“课程思政”内容的不同，分门别类地整合，同时开发网络“课程思政”资源，实现基础教育到高等教育的“课程思政”资源的有效利用与共享。大中小学要充分利用线上“课程思政”资源，与线下资源形成优势互补，有选择地链接其他地区“课程思政”资源，实现不同地区“课程思政”资源互通共享；要结合地方特色，共建“课程思政”资源，注重用好家庭资源，实现校内外“课程思政”资源的对接补充。

覆盖全场域，促进互通融合。实现“课程思政”，落实立德树人根本任务，需要各部门、各主体“守好一段渠”“种好责任田”，实现各方面的有效互通，协同衔接。一是要推进课内外衔接。课堂教学是进行“课程思政”教学的主渠道和主阵地，通过多样、丰富的内容及传统和现代方式、载体，帮助学生理解知识，内化于自己的知识体系之中。但还需要课外教学活动来帮助深化对课堂教学内容的认识，以达到理性的高度，同时付诸实践。这需要学校各部门、各岗位的“课程思政”主体协同社会、家庭结合课堂教学内容，共同探讨通过校园文化活动、教学体验、社会实践、志愿服务等活动形式，带领学生亲身体会以帮助他们深化认识，引导他们付诸实践，逐步形成良好的行为习惯、品德素养。

二、优化课程体系

围绕思政课程这个中心，将专业课、基础课、选修课或文化课等纳入覆盖范围。学者邱伟光也从学科精神培育差异性维度指出，文科教学要注重最大限度地实现人文精神的熏陶，理科要强调科学精神，工科要致力于倡导工匠精神。余江涛等人从理工科的维度提供了实践“课程思政”教学的建议：基于自然认知的普遍性上，教学重“术”的掌握和运用，启发科学思维，以专业伦理渗透作为价值依托，寻求为民服务的落脚点和归宿。要培养具体课程的微观视角，有的教师就某一门具体课程教学提出了相应的实施方案。虽然这一视域下的探索看似比较繁杂，但是其核心还是在于如何在所教的这门课程中去充分挖掘蕴含其中的思想政治教育资源。高校作为新时期人才培养的主要场所，担负着加强学生思政建设、提高学生思想道德理论修养的重任。高校将对学生的思政教育融入各个专业课程的教育教学改革中，并对学生进行不间断的社会价值引导与专业知识传授，从而在润物无声中创造性地实现立德树人的根本目标，为培养新时期的社会主义建设者和接班人创造重要条件。

（一）“课程思政”内容的开发与融合

“课程思政”教学内容与资源如何，决定着“课程思政”教学的质量与成效。依托专业课程这一重要载体，创设符合学生特点和专业课特色的“课程思政”教学内容。“课程思政”内容的开发与融合应以尊重专业课程自身教学规律为前提，促使思政元素与专业课程有机结合。

第一，必须充分尊重各类课程的教学规律。各类课程的教学体系都是经过长期的理论和实践考验形成的，具有不同的本质、特点和教学方法，尊重课程的专业教学规律和教学体系，切忌将思政元素简单随意地添加到专业课程教学中，而是应该在保障专业课程知识体系的完整性的基础上，根据专业课程的突出特点，巧妙地渗透思政元素。思想政治教育资源存量较多的课程，例如哲学，有鲜明的思想政治教育功能也有鲜明的政治性，无论是教材编写还是日常教学都内含着一定的价值选择，因此，需要将学科理论与国情相结合，建设具有中国特色的哲学社会科学课程，坚持发展创新，充分发挥哲学社会科学课程与思政课程的协同效应。另外，对于一些思想政治教育资源存量相对较少的课程，切忌无中生有、生搬硬套，违背“课程思政”初心，造成学生反感。

第二，深入挖掘课程的思政元素。不同课程中蕴含的思政元素是不尽相同的，开发教材时融入价值观塑造的内容，这部分是比较容易发现的思政元素；还存在另外一部分是隐藏在专业课程教学过程中，需要认真细致的挖掘并进行提炼和加工，这部分思政教育资源的开发与融合难度较大。在不断探索中，需要立足各类学科优势和课程特点，系统规划各个院系不同学科的思政教育资源的融入，紧密结合各自的特点和优势，激发专业课教师的积极性、主动性和创造力，合理开发和利用隐形思政资源，推进育人目标的实现。举个例子，近期在央视综合频道播出的《美术经典中的党史》通过展示中国共产党成立以来不同历史时期的美术作品，展现了中国共产党成立100年来的辉煌历程，用一幅幅作品绘制伟大的时代画卷，用艺术之美展现历史细节，高校可以将这一系列作品融入美术专业课教学中，挖掘这一系列美术作品背后的党史故事，使学生在进行专业学习的同时可以“以史鉴今”，从学习党史中汲取成长营养，坚定理想信念，明确新时期青年一代的责任与担当，进一步掌握科学方法，传承中国精神，用美术作品激励学生将美好的青春献给民族复兴大业。

思政课“配方”的改进主要是从整合思政课内容方面入手。“盐”加得适度，“汤”才会有滋有味。首先，要有更加科学的教材。教材承担着党中央最新理论和青年学生之间的桥梁的作用。学生对国家最新理论、路线、方针、政策的领悟，教材起了很大的作用。其次，还要完成思政课内容的“衔接”工作。在“课程思政”的内容体系开发方面，可以从这几方面进行。

①由深入挖掘而上行至深入梳理，形成专业课程的思想政治教育知识图谱自下而上的总结提炼，遵循了归纳的逻辑，而这种科学的归纳，也为后续更为顺畅的演绎奠定了基础。第一，深入挖掘，充分呈现专业课程中思政内容，形成课程的思想政治教育体系“毛坯”。显然，专业课教师应该在马克思主义理论学科专家的帮助下，通过合作深入分析和发现各知识点蕴含的思想政治教育“矿藏”，

实现模块化初步梳理。第二，梳理形成各门具体课程的思想政治教育知识体系。依据思政课程的知识体系逻辑，通过初步梳理，形成较为粗放的具体课程的思想政治教育内容体系。值得注意的是，在梳理过程中，不应做“取舍”，而是对课程群进行系统协调。第三，进一步深入梳理，形成专业的思想政治教育知识体系和图谱。深入梳理包含两层意思：对各门课程包含的思想政治教育知识体系进行分析，形成“课程思政”知识的框架；对各门具体课程进行分析，确立思想政治教育教学重点。梳理过程中，必须处理好几个问题：对各门课程所呈现的带有生硬嵌入色彩的，或牵强附会的思想政治教育知识点，应该删除；在不同课程之间重复的主题，应该确定思想政治教育教学的层次、维度、侧重点，以促进课程之间的协调、协同。

②由“专业的“课程思政”知识图谱”下行，在这一过程中解决好以下几个问题：第一，对已经深入挖掘而形成的思想政治教育知识点“毛坯”，进行二次开发。结合专业课程的思想政治教育知识图谱，做好两项工作——深化和细致化。就深化而言，要确定具体的思想政治教育知识点的具体位置，所对应的教学目标，进行再次挖掘。就细致化而言，需要对思想政治教育知识点结合教学目标确定具体的教学层次、维度、侧重点，建立思想政治教育知识点之间的关联，形成育人主线。第二，形成专业课程的思想政治教育知识点的内在体系。第三，形成专业课程的思想政治教育知识点布局。依据学科专业课程的思想政治教育知识图谱，根据课程进度、教学计划，基于思想政治教育知识点的内在逻辑，形成课程特色的知识图谱，为后续设计教案提供支持。

③单次课的思想政治教育内容开发与呈现：有机融入与二次开发具体到单次课的教学，必须解决具体的思想政治教育教学内容的开发问题。按照“课程思政”的思想政治教育知识的形成逻辑，单次课的思想政治教育教学内容开发应基于二次深入挖掘、深入梳理和有机融入“三法则”进行。二次挖掘需要结合对学情、教学背景的综合把握，对初次挖掘的“毛坯”进行精雕细琢，既有取舍又有延伸。取舍是为了“聚焦”，而延伸主要从其在教学中对学生的知识、能力、情感、态度、价值观这些方面进行立体开发。第二，基于思想政治教育逻辑的“回填”，实现有机融入。“毛坯”的挖掘是基于专业课程知识点的，也就是说这种思想政治教育元素是长在课程知识点上的，一旦全面剥离出来，必然影响教学效果，如果原样“回填”，又可能无法实现思想政治教育功能。因而，这种“回填”实际上是一种基于前述思想政治教育知识点“精雕细琢”的科学融入，才能在教学过程中进行价值观教育。第三，基于科学的梳理、布局，将思想政治教育知识点呈现于

教案中，为后续教学、评价等提供支持。

（二）“课程思政”教学方法的选择和运用

选择与运用科学、有效的教学方法是取得“课程思政”育人效果的重要途径。鉴于专业“课程思政”资源的潜隐性、大学生思想特点的个性化，以及社会环境的复杂化，传统的教学方法不能很好地完成教学任务，必须使专业知识和价值理念的培养贴近学生的学习生活，并将其贯穿“课程思政”建设全过程，以此激发学生增加兴趣点，催发学生获得良好的接收效果，提升学生思想政治素质和能力。创新“课程思政”教学的方法，一方面，可以采用情景教学、案例分析、辩论、分组学习、课堂讨论等教学方法，培养学生全面辩证的思维、集体协作的观念、主动参与的热情，在这过程中，巧妙地融入思政元素，引领学生建立良好的行为习惯。比如，在食品类相关专业课程中，可以紧密结合近来全国多所高校在校园里举行的“光盘行动”，提升学生的勤俭节约意识。在新时期的今天依旧要积极倡导并践行勤俭节约的良好风尚，这也是大学生应该秉持的良好习惯。“光盘行动”的进行可以采取多种形式，例如采用情景教学的方法，利用多媒体平台，展示全球遭遇饥荒时的视频资料，使学生仿佛置身其间，给予学生强烈的视觉震撼，直抵内心，让他们知道要珍惜眼前的幸福，了解每一粒粮食都是经过多道工序，很多人的辛苦付出才最终呈现在我们面前的，都是值得尊重的，帮助学生形成正确的思想意识。还可通过选取极具代表性和“接地气”的案例，分析探讨其中的专业知识和思政元素，请学生积极思考，利用已有知识尝试表达出自己的看法，教师可以在这一过程中加强引导，循循善诱，使党和国家的要求深入学生的心中。

当今，我们现在正处于信息大爆炸的网络时代，应充分运用现代信息技术手段，可以通过采用 VR（虚拟现实）技术增强自身体验，加深情感认识，不断丰富教学形式与教学内容，打破线下教育的局限，发挥线上教学的优势，采用多种教学形式进行线上平台教学，营造线上和线下共同作用的教学方法，让学生对课程有更深的认识。通过让慕课走进课堂，“淘汰水课”“打造金课”，充分发挥精品慕课的积极作用，传统思政课堂基于思政课的公共课特性和课程本身的政治理论的严肃性，在教学环节中通常是以教师为核心，教师主导教学的过程，以教师讲授为主，即使不乏一些讨论或者小组活动环节，但最终落脚点还是理论的阐述。不仅如此，由于课程本身的严肃性，学生们来上思政课也往往表现得很严肃，也许是因为大班教学人比较多或者对于理论的敬畏，学生参与课堂讨论远不及专业课那么积极。“慕课”依靠技术手段隐去了面对面的“尴尬”，采取边看慕课边在旁边讨论框或者弹幕参与讨论的方式，可以使学生在上课的过程中有任何想法都可以畅所欲言，在一定程度上实现了以学生为中心。

“翻转课堂”教学模式打破了传统教学过程中教学资源应用的单一性弊端，创新教学资源获取形式。“翻转课堂”的概念可以解释为：教师提前进行新课程课件视频的制作，将知识进行碎片化处理，并上传给学生，让学生进行课前的预习与学习，将产生的问题进行汇总，在课堂教学实践中加以重点讲解，充分利用课上课下的时间，实现线上获取教师专业指导、线下自学的一种先进教学模式。思想政治教育资源涵盖范围广、种类多，且处在不断拓展中。比如随着红色文化资源的不断整合利用，除网络资源外，各类纪念场馆、教学场馆也不断地被扩充到思想政治理论教学资源中，“翻转课堂”的运用扩展了教育资源的开拓和实践。相比于传统课堂，“翻转课堂”基于教学资源的自由获取特点，让学生自主选择学习内容和方式，选择恰当的学习时间和环境自定学习节奏，获得个性化的学习体验，从而契合了网络时代青年思想活跃、个性张扬、爱表现、重参与的心理行为特点。辅之以视频教学的方式传播知识，不仅突破了课堂空间限制，还帮助师生从教材的束缚中解放出来，帮助学生开阔视野、发散思维。

在信息化教学平台上，学生不仅可以获取海量信息，教学资源在质量上也得到优化，优质教学资源的平台共享，教学资源的动态更新体现了新时期教学资源的全面性特征。一方面，在翻转思政课堂的课前学习环节中，学科资源网站、资源库等网络和实体信息载体汇集了大量而广泛的教育资源，包括图片、视频、工具书等，师生拥有大量翔实的教学资源，这极大地丰富了课程内容，为学生自主学习提供了材料，为师生互动研讨提供了理论支撑。另一方面，教学资源数量繁多，内容更是全面细致，每天都有大量的信息得到更新，只要“轻敲键盘”就可以自由获取，能全方面满足师生的多种需要。“翻转课堂”的教学资源也能实现自由共享。借助于网络平台完成信息的筛选和传递、知识的传送、数据图片及视频的处理，整合各类优质教学资源，使零散的材料系统化，海量资源唾手可得，这些信息资源可以存储在便携式的U盘中甚至上传至云盘中，也可以在云课堂中进行学习，在需要的时候轻松点击即可获取。资源共享有了先进的技术支撑，学习变得更加方便，实现了教学资源的全面共享。这就将教师从繁重的课堂讲授中解脱出来，有更多的时间专注于备课、教学活动的设计，教学准备更加充分，教学活动的进行也更加顺利。同时将学生从陈旧的学习方式中解放出来，也给学生学习带来了便利；师生在课堂活动中的情感交流增多，也促进了学生认知、情感内化等多方面的发展。思政课程本身的理论性和抽象性，使得学生自主学习的难度增大，同时也应考虑到学生学习情况及知识水平、理解水平等因素。因此，不应简单照搬西方的“翻转课堂”模式，而应把线下课堂教学作为重点环节，辅之以适宜、有效的线上线下混合式教学。在不同的思政课程中宜实行个性化翻转策略：在理论性较强的课程中，由于翻转难度系数最大，教师在课堂上要相对加大理论讲授、答疑解惑的力度，并督促学生进行课前预习与课后复习；而实践性课程对学生而言，自学难度不大，则需要联系自身实际、勤思考多实践。教师应精心策划、布置有一定挑战度的课外学习课题，鼓励学生自我探索，课堂上增加互动、研讨的时间。还可以利用网络课堂和活动课程，增强学生的综合能力，推动思政教育与专业教育的紧密结合。同时通过利用腾讯会议、超星学习通、微信公众号、微信群和 QQ 群等提供的便利，使学生在课下也能对所学内容进行消化总结，及时与教师沟通，解决自身困惑，有效避免问题积攒的情况，有效地解决问题，增进对“课程思政”的理解，培养学生的主动性，同时也拉近了师生之间的关系，增进各主体间的互动交流，充分释放教师的亲和力，促进学生加快吸收思想政治教育元素，进一步促进“三全育人”格局的形成。

创新升级“课程思政”教学的方法。“课程思政”教学的潜隐性，以及人的思想系统的复杂性和社会环境影响的冗杂性，单一的教学方法和单向的教育方式往往受到局限，因而必须采用综合施治、联合使用的教育手段，坚持显隐并存、刚柔相济形成思想政治教育合力。显性与隐性共存，往往呈现出多样化形态，这也表明“课程思政”贯穿着思想政治教育隐性化、融合性的设计思路，有其内在的价值属性和政治特性。尽管各类课程的价值不同，但各自的育人目标一致。刚性与柔性相济是创新升级“课程思政”教学的总推手，“刚柔相推，变在其中焉。”（《周易·系辞下》）。“刚与柔”虽泾渭分明，但并非南辕北辙，实则二者相依相存。情感作为非理性力量，具有其他因素不可比拟的催化和调节作用。“课程思政”教学采用刚柔相济的综合教育手段，不仅可以激发师生的情感力量，为课堂教学集聚合力；同时可以使“课程思政”教学张弛有度，在保证专业课程特色的基础上运用一种更为柔性的教育方法进行价值引领。然而，“课程思政”必须拿捏好柔性管理和刚性约束融合推进的平衡。这就需要“课程思政”教学在稳步推进与活力彰显之间采取刚柔相推、软硬兼施的综合手段，解决思想政治教育“治标不治本”的现实难题，从而避免“说教式教学”和“刚性思政”现象的发生，释放思政元素的积极效能。如何精准融合思政元素，使专业课也有“思政味”，这就需要用精准化思维引领“课程思政”教学的方法创新，精细化部署和具体化安排，找准“课程思政”教学的生长点。“课程思政”教学不仅要有理论阐释的整体性规范，更要注重价值引领的个性化设计。这就要求“课程思政”要以学生的实际思想和内在需求为立足点，以问题为逻辑主线展开课堂教学。这也是解决“课程思政”教学供需矛盾，是实现教与学供需匹配的核心要义。

教学效果的实现离不开教学主客体的互动，互动是师生彼此沟通传达信息的重要形式，更是加深认识体验、深化情感认知的重要渠道。学生正是在课堂的交往互动中获取了知识、拓展了思维、激发了想象力和创造性思维，与此同时还在无声无息中完成了教学目标，它对学生的成长发展具有重要意义。

（三）“课程思政”开展过程中融入课程特色

在推进“课程思政”改革过程中，由于不同课程的性质不同，必须要按照具体课程分门别类地设计完整的课程体系，根据各类课程的本质和突出特点及教师的实际教学能力，结合思政元素，确定相应的“课程思政”的重点和目标。如在哲学社会科学课程教学中，可以将一些内含的思政元素更加突出，坚定政治方向，给学生树立起积极正向的爱国榜样。对于适用于各类专业课程的家国情怀培养与精神培育，必须紧密结合专业课程教学，避免同质化，否则只会导致学生对此类精神的学习只是“走马观花”，并没有什么深刻印象和实质性的效果。例如可以结合专业中的具体问题，由此拓展到社会责任、家国情怀、民族精神。理学、工学、农学类课程可以结合中国科学家的先进事迹，解析这些事迹背后的情感精神元素，让学生进入故事情境，深刻领会不同科学领域的工作者为祖国发展所做的努力及发挥的重要作用，引导学生思维向更深处探寻，进而实现向行动的转换，这也成为“课程思政”教学的最佳切入点。

还可以充分发挥高校选修课的育人功能，例如通过开展影视鉴赏课，分析一部部经典的影视作品，从中汲取丰富的人生经验和道德感想，让影视作品彰显其正面的引导作用。影视作品因其呈现的表演张力和形象化特征，极易在学生心中留下深刻的印象，“课程思政”开展过程中可以融入这类作品的特色，呈现出内含的思政元素，更好地促进学生对各类事物的认识，从不同角度形成尽可能全面的认识。

此外，课程内容要针对新的具体的要求做出调整，及时吸纳新的教育资源并融入课程教学，与时代接轨，及时了解学生的关注点，不断探索新的内容和表现形式，切实地吸纳新的德育资源，并在教学活动中体现出来，从而实现内容的有益补充。例如，在高校体育课程中，随着运动精神的不断传承和更新，体育课程在关心学生身体素质的同时，要整体分析学生的成长历程，大多数同学都是在高中阶段都没有很好地锻炼，所以在步入大学时难免会出现缺乏热情和耐力，怕苦怕脏怕累的状况，鉴于此，体育教学应发挥其自身具有较强的娱乐性和趣味性的突出优势，巧妙地将一些新时期为国争光、奋勇拼搏的运动健将激励人心的故事增添到课堂中，让学生在课程中能够真正地享受并受到熏陶，在强健身体的同时保持愉悦的状态，更好地完成课程所要求的学习任务，促进体育“课程思政”的推进和改革。

（四）优化各类课程实施“课程思政”的方式方法

课程教学是有效实施“课程思政”的主渠道，但不同课程具有不同特点，其价值理念和教学效果也有所不同。因此，根据不同类型的课程挖掘思政元素，能够提高各课程的育人质量。思政课教师在教学过程中可以多使用现代化技术，促使学生参与课堂知识的沟通与交流，变当初寂静的课堂为思想碰撞的课程。同时，教师也要多挖掘既有教育意义又是学生感兴趣的话题，尤其是当前社会问题、国际问题，通过激发学生讨论思考问题，引导学生交流互动的方式，来培育其政治素养和道德品质。而实践课程主要是通过知行合一的方式，引导学生在实践过程中提升实践创新能力、弘扬艰苦奋斗的精神。

三、加强教师队伍建设

教师是教书育人的实施者，建立一支具备“课程思政”意识和能力，能高效推进“课程思政”教师队伍的建设，有助于加快“课程思政”的完善。“课程思政”改革的关键在于教师，如何转变教师的教学观念，不断提高思政水平，首要问题是转变高校教师的教学观念，强化育人意识。“课程思政”教育理念，致力于使各类课程教师担负起育人的责任。但是在教师队伍中，部分专业课教师存在消极懈怠的心理，只侧重于教授本专业的课程知识，忽略了对学生的思想政治教育，认为思政工作是思政课教师的职责，存在教书育人认知上的偏差，同时有些教师担心“课程思政”会影响专业课程知识的学习和技能的培养。面对这一现实问题，需要各类课程教师刷新对教师育人职责的认识。所有课程的教学活动都要以教学目标为指导，且始终围绕教学目标进行，我们所倡导的课程教学目标一定是知识、能力与价值观三者的有机统一。需要培养和提升高校教师的思想政治素养，教师的思想政治水平决定了“课程思政”建设的高度，要培养知识过硬、本领强、品德高尚的合格学生，教师本身必须提升自己的专业业务能力和思想政治素养，做到育人者先受教育。提升教师思想政治素养是一项长期任务，因此需要高校领导及相关部门多管齐下，为提升高校教师思想政治素养提供有利条件。

（一）提升教师政治水平和理论素养

要用中国化的马克思主义来指导整个“课程思政”教学过程，从而实现有效教学。高校教师最重要的就是要有政治敏锐性，把握思政教学过程中所讲解的理论的正确性、准确性和方向性，这就需要教师具备政治智慧。一方面，可以通过开展系统培训的方式，根据不同学科、不同专业的教师开展不同学习程度、不同要求的培训，以便教师可以更快地提高自身的政治水平，将所教授学科的课程内容结合思政元素，在教学过程中自觉融入马克思主义理论和中国特色社会主义思想。另一方面，通过专题讲座的方式，讲解和学习党的最新理论成果，加强教师队伍的理论素养，寻求学科知识和“课程思政”的切入点，能够润“物细无声”地引导学生树立正确的政治站位，明辨是非，成为传播知识与传播思想文化相结合的真正的教师。校党支部定期开展主题会议、民主生活评议等活动，帮助广大党员教师学习党的最新理论成果，营造良好的政治环境和工作氛围，使各教师的政治信仰更加坚定，政治能力进一步得到提高。在“课程思政”教学中，会涉及一些基本理论的讲解，而这些理论往往是专业课程涉及的重要或基本的思想政治教育问题，学生应掌握其知识并能结合专业课程进行理解和运用。教师要积极以理性分析帮助学生明晰思想政治教育知识的内涵，同时以科学理论的强大魅力指引学生。

很多大学生不自觉地把专业课教师当作自己努力的方向和最想成为的人，专业教师的行为表现时时刻刻影响着学生，“课程思政”教学成效依赖教师积极营造的富有感染力的课堂气氛，教师自身高尚的师德师风、独特的人格魅力及起表率作用的言行举止。学生在日常与教师的交流中，不自觉地就会想要遵照在教师身上发现的道德品质，而这种意识一旦经过长时间的发展，就会形成习惯，将会在今后的做人做事上产生十分重大的影响，会在之后的时光里够保持良好的自身道德认知，在自我成长的同时肩负起社会进步的职责。教师应不断学习提高充实自己，并不断钻研如何能够更好地推进“课程思政”的教学，明白自己的劣势和不足，积极主动地学习好的、新的知识，督促自己与时俱进，不忘自己之前想要作为一名优秀教育工作者的初心，在教育中提升个人价值。

（二）提高教师“课程思政”教学能力，创新教学方法

“课程思政”的建设，主要以课堂教学为依托，这就要求教师提高创新教学方法的能力，针对不同内容、不同问题采用不同形式的教学方法。积极创新满足

学生需求，找准“课程思政”切入点，增强“课程思政”教学效果。此外，应顺应时代发展，创新教学方法，教师要不断学习和运用信息化和现代教育技术进行教学，整合教育资源、编排教学内容、借用新技术激发学生学习兴趣。

思政课教学方式的革新是关键。思政课应当改变以往理论灌输的教学方式，思政课教师不能简单地只将理论的知识讲解给学生，需要重视对学生政治能力和正确价值观的培养。变学生被动地学习理论知识为主动学习，思政课教师可以将时政事件在课堂上让学生进行讨论，以点带面引出课程内容，让学生自觉树立社会主义核心价值观，促进教师和学生之间的互动性，提升学生的学习兴趣。习近平总书记 2019 年 9 月 8 日在学校思想政治理论课教师座谈会上讲道“重视思政课的实践性，把思政小课堂同社会大课堂结合起来”①。对于课堂形式的改革，思政课的课堂不仅局限于室内，社会实践、室外教学也是适用的。将课堂学习发展到社会实践，对学生视野的开拓、社会的认知及学生价值观的树立都有一定的促进作用。河北科技大学在进行思政课社会实践的方式上值得推广，该校带领学生到西柏坡进行思想政治教育，将思政课堂扩展到红色基地的实践学习中，通过这一形式，学生对红色文化的理解更加深入，同时对于“西柏坡精神”有了更加直观的了解，对学生向革命先辈学习，以及提升自身的道德修养发挥重要作用。

（三）加强教师思政培训

高校各级党委要加强对学科任课教师的理论培训，发挥先锋模范党员教师的带头作用，把中国共产党的先锋队性质、全心全意为人民服务的宗旨、执政理念、先进性、纯洁性等优良理论教授给教师，提高他们爱党爱国的政治觉悟。高校可以安排思政课专业有名的专家、教授给学科任课教师开展马克思主义基本理论知识的学术讲座、研修培训活动，让学科任课教师学会用唯物主义历史观、唯物辩证法的观点、立场、方法来正确地观察、分析看待生活中的问题；让学科任课教师坚持马克思主义意识形态的正确领导地位，并认识到马克思主义的指导作用；让学科任课教师知道什么是真正的马克思主义，怎样正确对待马克思主义知识等。同时，还要加强高校学科任课教师对马克思主义中国化理论的学习，增强他们的理论自信、道路自信、制度自信和文化自信。高校学科任课教师只有把相关理论知识学真、学透、学懂，才不会认为思政教育是“纸上谈兵“的套话和空话。各高校还应组织各学科任课教师参加有关“课程思政”建设的学习培训和研修活动，

① 引于习近平总书记 2019 年 3 月 18 日在学校思想政治理论课教师座谈会上讲话

第一时间把握国家、社会的热点、关注点，思考与教学内容的结合，增强了自身的观察力，提高自身的思想政治素质，进一步巩固科学的世界观和人生观；科研能力得到提升，在集体备课过程中的发言更积极主动，内容更有创新性，教研积极性有了明显的提升，教学能力得到增强，为学院的思政教育培养了一支有创造力的高素质教师队伍。提高他们的政治素养、教学水平和科研能力，确保高校“课程思政”方案有效实施，从而增强思政教育的效果。

以“课程思政”建设为主线，在参加理论学习之后，积极组织教师通过实地调研、现场考察、案例分析，以此提升教师的教育教学能力，对于理论学习和实践考察均合格的教师发放结业证书。之后，针对各教师建立培训档案，制定马克思主义学院思政专业教师设为联络人，针对之后“课程思政”建设中有关课程内容的疑问，负责解答和提供咨询。

学校应对广大专业课教师引导和加强社会主义高校办学方向、高等教育的目标是培养社会主义接班人等方面的认知，从而注重知识传授和知识运用方向上的统一。多数高校教师具有国家事业单位编制和干部身份，既然承担教学任务，那相应的教育职责、政治立场也应充分担当起来并站稳。同样，高校要注意工作环境对教师群体观念的现实影响，既要贯彻落实“课程思政”教学改革，又要适当给教师群体繁重的教学科研任务“松绑”，做到“有所为有所不为”，给教师群体足够的教书育人的自主思考、自主探索、形成认知的时间和空间。

目前国内各高校对于教师晋升高级职称，一般原则上都要求“连续 6 个月及以上的国外大学学习、研修经历”。[①] 参照这一条，学校应当规定教师晋升高级职称，党员教师须有至少连续一周的时间在本校或省级党校、干部学院学习培训的经历；非党员教师须有至少连续一周的时间在本校或省级社会主义学院、干部学院学习培训的经历。只有学校及上级官方机构设立的政治学习培训单位才是系统化提升政治素养的供给方，具有政治理论解释的科学性、权威性和学习结论认定的官方性、严肃性。

对各类任课教师开展“课程思政”培训，将“课程思政”纳入教师长期职业发展培训过程中，不断加强教师的道德情操，引导教师在备课上用心、课堂中用力、传授知识时用情。为了增强教师“课程思政”培训成果，提高教师参与培训的积极性，高校可采取精神或物质奖励的办法激发教师参与培训热情。同时，对培训成果进行抽查和考核，并纳入各学科教师考核和职称评定中，以便在更大程度上保证德

① 山西省教育厅 .2021 年度全省中小学校教师系列高级职称评审工作的通知 .2021 年 8 月 25 日

育意识的培训效果。

教师在落实“课程思政”这一教育方式时，除了加强自身的立德树人意识教育之外，还需对“课程思政”的内容进行掌握，即明确“课程思政”的定位。韩宪洲讲到，对于教师来讲，尤其是专业课教师，“课程思政”的讲解内容就是三个方面，即习近平总书记提到的“做人做事的基本道理，社会主义核心价值观的要求，实现民族复兴的理想和责任”。韩宪洲的观点对“课程思政”的内容进行了规定。教师在明确“课程思政”内容的基础上，需要进行内容的融入，即将“课程思政”所要求的内容通过有效的方式，让学生能够进行专业知识学习与正确价值观的引导。课程中将这些方面的知识融入课堂的教学，才能将“课程思政”教育理念进行落实。

（四）发挥思想政治理论课教师引领作用

教师要想育人育才，前提是自己就要有丰厚的理论知识，才能融会贯通地向学生传达正确的价值观，承担起学生健康成长的引路人的角色。作为有较高党性修养和理论深度的思想政治理论课教师，要发挥引领作用，增强其他课程教师对思想政治的政治认同和情感认同成为“课程思政”教师队伍建设的应然性。各学院党委带领各教师学习党的最新思想和理论知识，通过座谈会、研讨会的方式提高教师的理论素养，强化理想信念；另外，思想政治理论课教师应协助广大教师挖掘“课程思政”元素。不同学科具有不同的特点和内容，其授课对象也存在一定的区别。怎样准确地把握各学科中的资源，润物细无声地将育人、育才相结合，需要思政课教师的协助。针对教师所教内容、观点及授课方式进行探讨，在教学过程中渗透思政元素的同时，也有助于思政课教师学习各专业课知识，丰富课程内容的深度，实现协同教学。

（五）鼓励专兼职队伍结合

这里的专兼职结合，主要是指两支队伍和人员之间的交叉任职，用兼职力量补充专职队伍，加强各方的合作交流，使队伍结构更加完善，人员素质得到多重提升。一是辅导员承担部分思政课教学任务。鼓励和选拔一线优秀的辅导员，特别是教学能力优秀并且具有思政专业背景的辅导员承担一定的思政课教学工作。这样既可以跟学生在理论上有面对面交流的机会，提高日常活动的针对性，增强思政课的时效性，也有助于辅导员自身的学习和能力的提高，收到 $1+1>2$ 的现实效果，使辅导员作为思想政治教育者在“实然角色”和“应然角色”上真正达到“重叠共识”，这也是辅导员角色定位的实质性内核。与此同时，为避免“谁都可以上，谁都可以教”的尴尬局面，也要明确辅导员兼任思政理论课教师的任职标准，实行思政理论课教师准入制度，保证思政队伍的纯洁性。

二是思政课教师兼任日常思想教育工作。鼓励具备条件的思政理论课教师双向兼岗。一则，日常思政教育形式的多样性需要理论支撑，避免因过分强调娱乐性而忽视其思想性和教育性。二则，思政课教学要避免理论化倾向，需适当采用学生乐于接受的方式，提升思政理论教育的吸引力和感染力。三则，思政课教师可以获得与大学生进一步交流的机会，获得心理上的自豪感和价值认同感，珍惜韶华、脚踏实地，把远大抱负落实到实际行动中。因此应提倡思政课教师在完成思政课教学的基础上担任班主任、学生导师或兼职辅导员工作，充分发挥其理论优势，增强日常思政教育内容的思想性与教育性。

（六）强化教师协同育人的理念

教师是课堂教学的主要从事者，“课程思政”实际的运作效果是否显著，与所有课程教师对于“课程思政”的理解紧密相关。因此，“课程思政”建设必须先解决认识上的问题。各类课程教师都必须深刻认识到，立德树人是所有课程都要承担的共同任务，每个人都承担着育人责任，进一步强化协同育人的教学理念。要不断加强教师协同育人的理念，提高参与“课程思政”建设的热情，并将这一认识的转变具体表现在教学实践中，在教学活动中将这一认识不断深化。专业教师树立科学的教育理念对课堂教学具有重要的引导作用。要提升教师的育人责任感，强化教师协同育人的理念，通过将育人的具体要求深入贯彻到课堂教学，制订具体的措施，进一步加强对大学生的价值观引导，促进全体教师同向同行，形成育人合力。教师应将德育作为首要的、基本的教学工作，并积极将这一理念牢记于心，提高育人意识，及时掌握学生的思想动态和精神需求，实现对学生整体素质的塑造和提升。

1. 完善专业协同育人生态系统

打造各专业“课程思政”协同育人生态系统的核心在于顶层设计，关键在于组织架构，重点在于全面细致。第一，从顶层设计来看，高校“课程思政”建设领导小组应该针对专业协同育人方面成立专门办公室，主要是制订针对协同育人在育人模式、组织架构、奖惩措施、沟通协调等方面的具体方案。如育人模式上考虑课堂教学与实践的结合，包括论坛、研讨会、辩论赛、社区实践、工厂实习等；再如组织架构上，尝试设立分片模式，针对不同专业设定统筹联络人。第二，从组织架构来看，“课程思政”建设成立的组织架构应具备何种职能性质，明晰边界条件，避免交叉管理和重复工作。第三，从全面细致来看，对于“课程思政”建设主体而言，该协同育人生态系统应该覆盖到高校党委、团委、学院领导、学院思政工作者、学生干部、宿舍管理员等人员，覆盖到包括体育课、实验课、试听课、讲座课在内的所有课程，覆盖到学校食堂、学校医院、学校安保、学校后勤超市等方面。

2. 打通专业协同育人渠道

畅通各专业“课程思政”协同育人沟通渠道主要是在课程协同、教师协同、管理者与教师之间三方面的协同。第一，从课程协同来看，主要是课程内容的协同育人。高校“课程思政”建设要求的思政元素应符合高校思想政治理论课的要求，因此建议专业课程课堂上所融入的思政元素应该与思政理论相一致。另外，不同专业的课程内容的协同，彼此应避免内容相悖、内容重复，应相互支撑、相互融合。这一点主要是针对逻辑性较强的理工科课程而言。第二，从教师协同来看，一是针对大班授课引致的低效性，建议尝试同专业的教师在“课程思政”建设上进行合作，通过分工细化将大班课改为小班课，或者利用互联网工具制订线上课程，对学生设定登录权限，使得他们分批上课，全力弱化大班上课引致的低效问题。二是针对不同专业的教师而言，加强交流合作，推动信息共享。同时在课程内容改进和监督方面，不同专业教师思路存在差异，加强交流只会拓展思路，丰富学生学识。第三，从管理者与教师协同来看，主要是搭建在生态系统内，用于教师与教师、教师与管理者、教师与课程、管理者与课程之间的沟通平台，这种平台主要是线上的互联网平台，但需要同时涵盖 PC 终端、移动终端。

（七）运用合适的“课程思政”教学话语和话语方式

重视各类课程中隐含的思政教育内容，运用合适的教学话语。在具体的教学环境中，不同的教学话语所引起的反应和效果是不一样的，每一种话语都有其适合的场合和情境，而这种情况又不是固定不变的，而是要密切关注当时当刻在场的每一位同学，以及教师所产生的思想活动和主要的状况，随着教学的不断推进，及时掌握和运用合适的“课程思政”教学话语，激发学生的积极性和自觉性，加快“课程思政”的实施成效。“课程思政”是基于习近平总书记多次突出强调课堂教学在“课程思政”建设过程中的重要作用，以及针对传统思政工作所存在局限的新的发展和探索，由此，高校“课程思政”建设要求教师选择合适的教学话语，通过积极创设平等和谐的教学氛围，风化于成，增进教育者与受教育者的情感共鸣，将教学话语中包含的育人元素直抵学生内心，学生可以从这些话语中明确自己所要努力成为的人，这样对增强“课程思政”的实际效果具有强有力的补充作用。话语的表达能够体现出一个人所秉持的价值观和道德观，大学的教学过程是一种相对轻松自由的语言环境，良好的课堂教学话语可以让学生将积极的、科学的理念自主纳入他们思想体系中，成为他们的思想意识组成部分，并使其真正地在内心和头脑中生根发芽，并最终体现在学习生活中的一言一行，在不断地积累和践行中形成习惯。传统的教学中，学生更多时候扮演附属的角色，在教学活动中，只是单纯处在一个接收者的位置，这种长期以来形成的教学模式易造成话语主体之间的不平等，致使教育者话语的权威性在教学中弱化甚至消失，并没有进入学生的内心。“课程思政”建设要总结经验，转换单向灌输、缺少反馈提升的教学话语模式，树立民主平等的话语理念，通过运用平等亲切的话语，尽量减少教师与学生之间的隔阂，拉近距离，将教学环境的积极作用充分发挥。引导学生形成对“课程思政”的正确认识，学生从内心乐于接受课堂教学中添加一些思政元素，专业教师更应该充分运用语言艺术，将抽象的、晦涩难懂的理论话语转化为具体的、易于理解的生活话语，在其中传递对受教育者的真诚关心，充分展现话语魅力，推进思政教育资源与专业课程的融合，达到润物无声的“课程思政”教学效果。

所谓的话语方式，是指话语主体在话语表达方面所采取的方式，主要是由话语主体在表述话语时所采取的话语关系所决定，其中，话语关系主要包括平等与不平等这两种关系，而这两种话语关系所指向的话语方式则分别为双向对话与单向独话。单向独话指的是将学生作为单纯的被动接受者，向其不断灌输知识和理论，而忽略了学生的感受，也不关注学生对知识的掌握与接受程度，在一定程度上反映了教师与学生在地位上的反差，以及学生主体地位的缺失。双向对话则是指在对师生之间平等的主体地位这一关系有充分认知的基础上，提倡在平等、和谐、自由、民主的氛围内进行教学，以交流、探讨、合作、协商的方式进行知识的学习与获取。双向对话与单向独话的显著区别在于在重视教师引导作用的同时，更加注重学生的主体感受与知识接收情况。

话语权是一种地位的象征，彰显着在一定范围内或关系中有一定程度的控制力、吸引力、牵引力。传播者为彰显自我在思政教育活动中的领导力和主导性，必须掌握一定的话语权。话语权的掌握能够落实传播者的行为，能够完成传播者教育目的的预计效果。我们要想实现“课程思政”的效能，就必须使教育传播者掌握传播的话语权。满足这点要求的途径有以下三条：首先，完善相应制度，用制度规定保障权利。利用制度直接规定话语权的归属问题，将话语权直接赋予传播者。“课程思政”的开展是传播思政教育信息的最佳途径，所以开展“课程思政”教育相关活动在我国政治生活中一直占据极为重要的位置。其次，信息传播者与信息接收者掌握的信息量有所差异。“课程思政”传播者要比普通民众更早、更全面、更系统地掌控上述相关信息。接收主体是很少有别的机会了解到其他信息的，所以只能单方面依赖于“课程思政”教育传播者，从而使得思政教育传播者的地位得到一定的提高，自然而然地获得了强有力的话语权。最后，思政教育传播者传播的方式与个人魅力。值得注意的是在思政教育活动开展过程中，话语权虽然容易获得，却不一定容易牢固。只有让“课程思政”教育的接受者发自内心地认同并主动学习，达成行动与思想相统一，才能真正达成“课程思政”实效性的提高。随着互联网技术的蓬勃发展，新媒体登上历史舞台，越来越多的民众拥有了便捷的表达平台和更加自由的发声机会。信息来源的渠道不再只依赖于国家、组织单位的专业传播者，思政教育传播者原来的地位受到严重冲击，而网络上的一些传播者开始成为“大众领袖”受到万人接纳，更多大学生通过网络平台获取信息，而非依靠教师讲授和学校权威发布的信息。这种行为使大学生超越了教师，成为信息传播和接收的主导者，大学生自我意识显著提高。面对这一现实，“课程思政”教育者必须勇于面对，积极寻找改变的方式方法。我们既要看到网络平台的广泛应用能够给人们带来便捷高效的信息，又要看到网络世界里的信息良莠不齐，要仔细辨别。

四、重视学生是“课程思政”建设的重要主体

（一）采用大学生喜欢的教学方式

针对大学生对“课程思政”认识不够、兴趣度较低、课程育人观念淡薄等问题，在实施“课程思政”建设过程中，采用多样化的教学方式，可以通过网络课堂和线下课堂相结合的教学形式，以及微信公众号和新媒体推送丰富大学生专业道德及素养，还可通过积极参与现场观摩、发现问题、调查分析、热点事件探讨等活动，使“课程思政”与日常生活相连接，改变学生之前对思政元素的认识，使学生思考和解决现实问题的时候能够不断强化主流意识形态认识，增强整体意识，使学生做到心中有数、行动一致，增强“课程思政”认同感，提升育人效果。

（二）形成符合大学生认知需求的教学风格

教学是一门艺术，好的课堂教学效果离不开好的教学风格。教学风格的养成必须从学生的认知需求出发，贴近学生的需求和愿望，“课程思政”的实效性的提高需充分调动学生的内驱力和积极性，实现思想和行动的统一。寻找学生感兴趣的话题，并根据其兴趣制订或调节教学内容，还可以结合教师自身的教学特点选择适宜的方法，从而实现教学目标。例如，在学习新课程的内容时，可以提前提出问题引导学生通过搜集整理课程内容的相关资料，形成自己的判断，之后做成 PPT 形式的报告，通过报告展示、交流，分享自己的理解和感受，在共同探讨中更好地领会教学内容，激发起学生的情感共鸣和认可。

（三）引导大学生应对外部社会环境的潜在冲击

高校应该提前谋划应对外部社会环境潜在冲击的措施，在外来文化的辐射下与本土文化的浸润下，大学生的思想容易受到外部环境与社会变迁的影响。大学生对时事热点、社会重大事件敏感度强、关注度高，对待社会主流意识与社会变迁发展，有着超强的介入意识，而在当下信息科技时代，积极的社会参与意识最突出的表现便是利用移动新媒体来表达观点。一方面，他们关心党和国家大事，承担社会责任，勇于奉献，另一方面，也不会回避个人利益的追求，不会一味地只考虑国家和社会利益，更多时候会寻找奉献与索取的平衡点，即在注重价值实现的同时要求有物质利益的回报。帮助大学生树立远大理想信念，青年强则国强，青年大学生的发展决定着国家的未来，大学生有崇高的理想信念，紧系国家民族的命运，才能在中国民族伟大复兴的洪流中，书写青春梦想、谱写人生华章。例如西南石油大学、四川现代职业学院的主题教育版块，旨在洗涤大学生的灵魂，塑造大学生的坚韧不拔的品格，让理想信念之光成为大学生前行之路的灯塔与明灯。

1. 建立合理规范的风险防范机制

大学生存在的思想道德风险多集中于信念动摇、素质低下、自我放弃、脱离实际等方面，导致其自我约束力差、生活能力弱，无法形成有效的常态化应对措施。为了降低大学生出现道德风险的概率，提请学校针对单一追求个人利益最大化及多元文化的冲击效应，建立合理规范的风险防范机制，具体包括领导机制、管理机制、落实机制、评价机制四方面。

2. 开设相关课程加强正面引导

开设相关的课程加强正面引导，主要针对外部社会环境中潜在的影响，专门开设相关课程，主要目的是将冲击的基本特征、内涵及潜在影响向大学生进行说明解读，帮助大学生充分认识到部分外部社会冲击对其今后发展的影响，使其主动地认清外部冲击的不好影响，远离不良环境，积极投入校园学习活动中来，切实地通过学校的教育来提升自己的能力水平，发挥自己的社会价值。具体建议，建设跨学科科研团队，针对外部潜在的环境冲击第一时间进行捕捉分析，制订研究课程，开展讲解工作。积极组织社会实践活动，引导学生参与其中，通过线上平台、线下活动双管齐下，增强对大学生的引导频度，扩大对大学生的覆盖面。

3. “课程思政”教育要坚持爱国主义教育的创新

民族精神对当代高校爱国主义教育具有非常重要的指导意义。失去了民族精神这一核心价值观，爱国主义便失去了最基本的价值。随着我国对外开放大门的打开，大量多元化的价值观相继涌入，西方自由主义思潮也随之而来，思想政治教育正遭受到前所未有的挑战。为此，强化民族精神教育，培养民族自尊心、自信心，坚定共产主义思想，是抵御西方资本主义渗透的有力武器，对提升大学生辨别能力、自我约束能力及认清现实，增强自信心，避免悲观主义、消极情绪影响有十分重要的意义。学校的爱国主义思想政治理论教学，是当代大学生形成民族精神的理论基础，对形成旗帜鲜明的民族精神具有指导作用。因此，围绕爱国主义理论应开展相应的时事政治学习、英雄事迹学习、革命历史学习，大力提升学生的精神文明素质，推进高校“课程思政”建设。

（四）整合资源，构建良好的环境

学校作为“课程思政”教育的主阵地，致力于以先进的思想引领学生的发展。为提高思想教育的有效性，高校应逐步转变观念，注重整合社会资源，改变孤军奋战的局面，努力将社会教育、学校教育与家庭教育相结合，形成“三位一体”交互式思想教育网络。

家庭、社会作为大学生生活和实践的重要场所，其成员对该课程的态度影响着大学生对此课程的认知。良好的家庭、社会认同氛围的构建可以以“润物细无声”的隐性教育方式引导着大学生对此课程的认同。开展“课程思政”工作需要围绕全过程育人来展开，“课程思政”工作就是做人的思想工作，这里的人就包括所有人，那这种一般性观点就有失偏颇。本文认为要从两个方面阐释全过程育人内涵：一是要阐释全过程育人中的“过程”之义，二是说明全过程育人中的“人”。

过程，即事物变化发展的阶段。“人”既可指所有人，也可指特定对象。这样一说，全过程育人就有广义和狭义之分了。广义的“全过程育人”指在人的整体发展阶段中（人的一生）的持续性和阶段性育人。狭义便指在特定育人对象的整体发展阶段中的持续性和阶段性育人，以学生为例，即在学生身心发展整个过程和从入学到毕业的过程中，实现持续性和阶段性育人。具体来说，对学生而言，实施全过程育人，就要举全员之力把育人工作做到家庭教育阶段中、学校教育阶段中、社会教育过程中，在知识、情感，价值观方面实现渐进式和衔接性的教育。

1. 充分发挥学校“课程思政”主阵地、主课堂和主渠道的作用

学校作为培养人才的“摇篮”，一直以来都是传承人类文明成果的主渠道。相较于其他教育渠道，学校教育拥有系统性、普适性和正规性的特点，学校教育利用其人才优势、优质的教学资源、规范的教学方法与先进的教学手段，充分调动广大学生学习的积极性与主动性，提升学习效果，使学生思想素质、专业技能、道德水平等多方面得到发展。发挥高校在“课程思政”教育中的主渠道作用。细致地研究、把握学生思想特点与规律，运用符合学生学习规律和成长规律的方法，以学生喜闻乐见的方式进行宣传、引导与教育，是推进“课程思政”教育的重要着力点。

2. 充分发挥家庭教育的作用

营造良好的“课程思政”家庭认同氛围。家庭教育对子女具有得天独厚的亲和力和深远持久的影响力，因此，家长要注重家庭教育环境的构建，家长对高校思政课程的态度是子女正确定位此课程地位的重要参考因素，因此，家长要改变传统观念中思想政治课程是“副科”、学不学无所谓的错误观念，树立正确的成才观，正确认识和定位此课程在子女德育培养和能力提升中的重要作用。家长及时掌握和熟知子女的思想状况和行为表现，一旦发现问题，通过与学校共同努力，及时帮助子女纠正错误观念和行为，保证子女沿着正规的路径前行和成长，同时也能通过这种方式让子女进一步感受到家长对该课程的重视，提高他们的学习动力。家庭教育是“课程思政”育人工作中的重要方面。家庭教育对学生成长成才产生影响的主体既包括父母，也包括与父母有血缘关系的亲属。他们的价值观念、人生态度、生活习惯会对学生的个性特点、思想意识、行为表现产生潜移默化、深远持久的影响。所有的父母都希望子女成长成才，可并不都能在知识教育和品德教育等方面给予全面、正向的引导和支持。同样，在这一点上，与父母有血缘关系的亲属可能也做不到。做好家庭教育服务指导，帮助子女积极主动地去学习

中华传统文化中优良的家庭教育传统、优良家训、家礼、家法、家规等行之有效的家风培育方式，以期与学校育人工作协同一致。

3. 依托社会推进“课程思政”教育

社会风气和社会环境的好坏影响着大学生对高校思政课程的认同，整个国家、社会和各个部门要协同努力，共同来为大学生养成过硬的思想政治素质和正确的价值观念提供一个良好的社会认同氛围。具体可以从以下三个方面来着手：其一，净化社会不良环境。首先，针对目前社会上出现的贪污腐败、非法经营和网络乱象等社会问题，党和政府要进一步加强廉政作风建设，严打行贿受贿、贪污腐败现象，完善法律法规和多途径监督机制，打击违反诚信经营、偷税漏税等犯罪行为，加强对网络的监督和管理，以赢得大学生对党和政府的信任，进而增加他们对该课程教材内容的认同。其次，针对严峻的就业形势，党和政府要在想方设法增加就业的同时鼓励有意愿的大学生进行创业，并给予他们最大限度的政策和资金支持，以缓解就业压力。最后，针对西方不良思想的侵蚀，党和政府要进一步加强国家意识形态安全防范意识。其二，用人单位注重对应聘大学生思想政治素质的考核，将他们在大学期间的思想政治素质表现情况及鉴定评语作为决定是否录用的重要标准，促使大学生重视该课程，增加他们学习此课程的外在动力。其三，党和政府要加强对报刊、影视和互联网等大众传媒的管理，充分利用大众传媒传播速度快、覆盖面积广的特点，加大对社会主义核心价值观和体现社会正能量的人和事进行宣传，以正面人物和先进事迹传递正能量的效果，进而形成良好的社会风气和社会德育环境。大学生衣食住行都在社会生活中，这就需要社会中的成员对大学生进行积极的引导，首先，社会中的企业在学生毕业实习阶段，对大学生参与社会实践活动时，要给予学生思想上的帮助和引导；其次，社会中的成员对于学生道德品质的形成也要树立良好的榜样，绝对不能引诱学生，促使他们去犯错误，带他们进入误区。从目前状况来讲，社会成员对于大学生的思想政治教育工作并没有切实到人，大部分社会成员、团体认为这些事情事不关己，对自己的影响并不大，只要把自己工作、事业做好就行。

五、健全和完善新时期“课程思政”制度建设

（一）建立新时期“课程思政”平台机制

推动“课程思政”沟通交流平台的发展和完善，建立健全所有课程的协同联

动机制。采用线下交流与线上沟通相结合的形式，增进专业课教师对思政育人功能的认识，努力构筑全员、全程、全方位育人的“同心圆”。同时加强专业课教师与辅导员的交流。辅导员在育人工作中扮演着非常关键且特别的角色，他们往往与学生的关系更加亲近，对学生的了解度也比较高，鉴于此，高校可以通过促进专业课教师与辅导员的沟通，对学生的动态能够有更多层次和方面的了解，营造和谐的师生关系，促进课程教学的优化提升，实现两支队伍的教育双赢。促进专业课教师之间的沟通交流，高校可以通过促进专业教师在备课、讲课、听课、比赛等环节进行“课程思政”交流平台建设，使专业教师能够在不同阶段和活动中接触到更多丰富的思想政治教育元素，引导学生加强对“课程思政”的理解，调动其积极性，实现传道授业解惑的有机结合，增强“课程思政”的吸引力和实效性。最后，积极搭建教师与学生的线上互动交流平台。通过建立具体的学习模块，及时对学生进行价值引导，帮助学生走出困境，保持健康向上的人生态度。通过教师与学生之间的良好互动，增进彼此的了解，拉近二者之间的距离，有利于学生学习教师身上的优秀品质，推动“课程思政”建设。积极运用主题班会、每周例会、经验分享会、超星学习通、慕课、微信、QQ、微博等形式，课程教师可以运用学校的有效资源，开创网课的形式，自行进行课程录制，为学生提供线上和线下的教学，构建起能让学生接受教育的良好网络生态，有效运用互联网资源，促进全员向着立德树人这一目标努力。

加强专业教师主导的第二课堂建设，大学生整体思想道德水平的提升单纯依靠专业课堂教学是不能达成的，因此要精心构建第二课堂“课程思政”环境，充分发挥第二课堂形式丰富多彩、空间范围广大的优势，把专业课程与第二课堂充分结合，构建和完善第二课堂的育人模式，形成全方位的思想政治工作体系。高校可以通过积极组织开展社团活动、主题班会、学术论坛、文化讲座、志愿活动、体育活动、人文关怀、科技培训等第二课堂，在其中有意识地突出价值引领的作用，强化第二课程的育人作用，将专业课、思想政治课程和第二课堂中的一切积极因素进行有机整合，增加学生实践锻炼的机会，形成良性互动，利用网络育人载体，构建网络思政话语体系，聚焦学生，吸引学生的注意力，拓宽思政教育渠道，发挥网络课堂的积极作用。

（二）建立新时期“课程思政”激励机制

对于处于一定社会关系之中的现实中的人来说，其需求大体上可以分为生活需要和精神需求两大类。激励作为外界对主体的刺激，也不失为一种实现“课程思政”建设的有效手段。对于“课程思政”教学主体来说，适当的物质奖励和精神奖励能使其保持良好的教学状态，在增强教学获得感的同时，激发参与“课程思政”教学的热情。具体奖励措施落实都是以教学效果为导向的，并且讲究物质激励和精神激励的科学使用和合理配合。为涉及“课程思政”的科研项目提供专项经费扶持，从教育主体的现实需求状况出发，既提供一些物质上的保障，又为他们的长远发展积累专业素养和资历背景。

高校奉行教书育人的价值旨趣，应以教师奖励计划为抓手，将任课教师对于课程的思想政治教育资源的挖掘能力和育人实效，作为职称评定和是否给予专项支持及额度多少的部分依据。当然也有必要对“课程思政”教学表现突出的任课教师予以精神激励，赋予相关荣誉称号，切实感受学校对自身工作的重视度，增强精神层面的获得感。教育教学实践活动的推进需要教育主体和教育客体等基本要素的共同参与，只有通过两者的协调配合才能顺利开展教学活动。所以，激励手段的运用不能仅仅局限于教育主体的范畴，评价体系也需要辐射到教育客体。“课程思政”教学效果评价的最终落脚点在于，学生通过各类课程的学习，其思想政治素养、价值判断能力、信仰形塑能力得到提升的程度。对于教育客体，即学生而言，要侧重有助于实现可持续学习的发展性奖励，加强学生在“课程思政”课堂上互动的积极性和主动性。加强“课程思政”激励制度与学生评价体系的关联度，将学生思想政治素质、道德水准、信仰坚守、行为习惯等诸多方面与评奖评优、推优入党等奖励行为相结合，不断完善学生的“课程思政”奖励制度。

各高校要尽快建立合理的教师激励机制，最大限度地激发教师的创造活力。“课程思政”建设主体需要集思广益，征求各方意见综合考虑制订出内容全面的、有关各类教师的考核评分细则。激励机制的制订不能过于苛刻、难操作，否则在探索建设阶段容易打击教师的积极性，未能发挥出其应有的作用；但也不能太过于宽松，要富有弹性，既能鼓励各位教师参与到“课程思政”建设中来，又能激励各专业课教师积极探索适合各自学科的“课程思政”之路。“课程思政”建设要靠教师的教学实施才能将理论变成现实，对于高校教师开展“课程思政”建设过程中取得优异教学成果，各高校要根据实际情况设定相应教学成果奖，并给予一定的奖励和成果宣传展示，激励各教师纷纷投入该建设中。同时，也要重视“课程思政”教材的开发，设立教材奖。教材是学科建设的重要组成部分，体现着教育教学的发展水平，在“课程思政”建设工作中占有重要地位。为了激励各任课教师提高自身时政素养，自觉在教学中融入思政元素，加强对学生价值情感的正确引导，高校对于各任课教师的课程评价标准有所调整，提高任课教师授课在晋升职称中的比例，改变高校领导和教师重科研轻课程的心理；同时对教师教学方案的检查、听课评判、学生情感态度的转变等有关“课程思政”建设的内容作为晋升职称、工资绩效等方面的评估标准。

（三）健全新时期“课程思政”建设评价体系

新时期“课程思政”的评价我们应首先运用当前已普遍设立的各级教学督导队伍、学生信息员队伍，以及教师网上测评系统等途径。本途径要避免两个现象：①比如教学督导听一节课，发现教师无思政融入，断不可将结论定为教师未落实“课程思政”；②教师发现督导或管理干部来听课，课堂上及时调整教学内容，立即讲解有关思政元素的内容，得出教师落实“课程思政”得力的结论。因此，常态化的评价建立比单次、偶尔抽查更为重要。所以，学生信息员队伍、学生网上测评是反馈教师“课程思政”日常实施情况较为全面的途径。现实中，可能有教师担心会得“差评”而降低学习、考核标准，通过“不为难学生”来得到学生的“好评”，因此要做到现行评价手段的多角度观察、各方面结合。

“课程思政”工作做得好不好、有没有效果，需要通过考评制度进行定量和定性分析，以实现信息有效反馈，及时发现问题，适时解决问题，促进学生的全面发展，最终达到检验“课程思政”工作成效的目的。首先，确立考评主体。考评学校“课程思政”工作，需要省级层面、学校师生共同参与，考评对象就是学校全体师生。省级主管“课程思政”的工作部门要对各级各类学校“课程思政”工作进行考评，同时学校要对校内各部门、各单位和每一“课程思政”主体的“课程思政”情况进行考核。这两个方面的考评既要看教职工做了什么，又要看学生收获了什么。其次，确立考评目标和内容。“课程思政”工作的根本任务是立德树人，具体来说就是培养德智体美劳全面发展的社会主义建设者和接班人。无论是省级层面的考评还是学校自身的考评，都要以这个根本任务和具体目标为出发点和落脚点。省级层面要着重围绕学校是否将立德树人贯穿到办校治学、人才培养等各方面的内容进行考评。学校要立足“课程思政”体系，围绕学生身心健康发展，从学生是否在学习、生活、工作等方面得到帮助和引导来考评教学，管理和服务部门的教职工是否结合岗位特点，承担“课程思政”职责，发挥“课程思政”作用，即是要考评教师教的情况，如教育内容、教育方法、教育态度、“课程思政”工作量等，同时要考评学生学的情况，如思想状况、行为变化等。既要考评“课程思政”工作的整体，也要考评“课程思政”工作的部分。

这些工作的成效不是立竿见影的，需要经过长期、全面的考查，才能进行有效的考评。形成考评模式，就要将“课程思政”考评工作贯穿到教职工选聘晋升、职称评审、工作考勤、评优表彰等方面工作中，以及贯穿到学生评奖评优、入团入党、学生干部评选等方面工作中。按照全员、全过程、全方位的要求，面向全校师生，采用线上和线下问卷调查法、访谈和随机听课等多种方法相结合的方式，本着公开、公正、透明的原则进行考评，公布考评结果。要充分利用考评结果来加强、完善和改进“课程思政”工作的方方面面，对于遵循立德树人内涵要求、师德师风建设要求，遵守职业道德、履行岗位职责的教职工给予工资待遇方面的物质奖励或精神奖励，反之则实行退出机制，教职工不再担任现有职务，对于党员教职工则根据党内法规进行相应的纪律的处分。

新时期评价“课程思政”建设的主体应该是多元化的，具体可分为高校管理者、课程实施主体、学生、辅导员、家庭以及用人单位等六类主体。高校管理者主要是负责统筹规划，监督调控校级、院级管理者们，对当前“课程思政”建设现状进行检查、监督，同时对不同阶段的建设成果进行评价和指导。课程实施主体是高校各专业教师，是“课程思政”的一线建设者，其评价具有重要的参考性，主要包括教师对自我的评价、教师之间互相评价，以及教师对学生思想和价值观变化的评价。学生思想情感的变化是新时期“课程思政”建设评价体系中的关键主体，他们最能直观地感受教师“课程思政”实施的成效，能够为提升“课程思政”建设质量提供改进路径。辅导员虽然不是授课者，但是却对学生的思想政治理论知识外化程度有较为准确地判定。家庭是学生除学校外，生活较多的另一个场所，而且家庭成员对学生的道德品质、个人情感等方面的积极变化感受最深，是评价“课程思政”质量主体中不可忽视的一个方面。用人单位是新时期“课程思政”评价体系中的长效性的主体，新时期“课程思政”建设成果是既要能经受在校期间的评价，也要跟踪其在用人单位中的表现，因此高校是否培养出全面发展的大学生，要经受用人单位的评价才行。

新时期“课程思政”评价内容应该多元化，首先，要有对“课程思政”管理者工作的评价，其评价内容应根据不同部门职责而不同：院系领导小组重点考察各院系“课程思政”改革课程数目和改革质量的量化评价；教务处重点考查“课程思政”示范课建设工作落实情况，教学大纲、学生培养方案等内容是否按照“课程思政”建设要求改革；其他各部门根据各自职责设置考核内容。其次，对教师实施“课程思政”教学内容进行评价，主要分为三大部分：课前对教师的教学大纲、教学设计、教学态度等方面进行考察和对课程的可行性和效果进行评判；课中对教师的教学方法、“课程思政”切入点、专业知识与思政元素融合程度进行考量；

课后将学生评价、督导评课以及领导、思政课教师、同行评课和建议纳入考核当中。最后，对大学生知识、能力和价值等方面的提升进行考核评价。“课程思政”的成效最终是通过对大学生的知识、能力和价值的考核进行呈现，因此这是考核中的重要环节、也是最难的环节。对大学生能力提升的考核，可以通过校内创新活动、实践评价等方式来测评学生的思考能力、运用能力，其关键在于是否能用马克思主义原理、观点和方法解决问题。对价值观的考核，可以从以下几个方面测评：课程实施前后学生思想和行为的变化；对党的最新理论的政治认同、思想认同；对自身专业的职业规范和职业精神的理解；等等。在考核过程中要注意考核的动态性和长期性，毕竟学生的特点不同、其思想变化也不是几节课程发挥出的作用，对不同阶段、不同专业的学生进行动态追求和统计类比，保证考查结果的有效性。“课程思政”建设不是一蹴而就，而是长期且循序渐进地动态过程。

过程性评价是对学生的知识、能力、思想、道德品质等各方面的发展与变化及时了解、评价和反思，从而能够及时调整自己的教学方案，完成教学任务。过程性评价优势在于两个方面，一方面，可以通过评价所反映的信息，让任课教师和学生都能发现在教学与学习过程中各自存在的优点或者缺点，将老师的优点和学生的优点开诚布公地进行反映，对两者的缺点共同面对，及时讨论改进，从而整体促进课堂教学质量的提高；另一方面，通过过程性评价能够使得教师积极地反思自己在课堂教学活动中存在的问题，诸如课堂内容组织、课堂时间分配、学生学习效果反馈等问题，能够结合不同的课程内容及时调整教学方式，整体提高课堂教学质量。

结果性评价是对“课程思政”建设某一阶段结束后的总结性评价，能够有效反映出高校当前建设效果如何、存在哪些问题，为后期建设计划的制订提供参考。针对高校“课程思政”的建设效果进行科学客观地评价，对于建设水平排名靠前的地区和高校，可以进行典型经验分享；对于建设水平排名靠后的地区和高校，可以认清形势积极查询建设过程中存在的问题。总体来看，由于各地区各高校“课程思政”建设存在不平衡的特性，即存在显著的异质性特征，因此要建立一个适用于所有地区高校的评价体系，目的是推动基础研究，积极探究开发新的评价方法，核心是加强顶层设计，通过顶层设计给出评价方向，明晰边界条件，统筹沟通协调。

教育教学评价体系事关高校一线教师的荣誉，应当公正客观地进行认定。首先，与思政内容相关的教育教学评价可以对教师灵活变通能力、政治觉悟水平进行考核摸底；其次，需要构造合理的评价体系来对教师形成正向激励作用，推动高校教师积极认真地开展高校思政建设工作。

开展优化评价反馈过程，提高课堂教学评价效用的研究。评价结果的好坏，以及评价结果是否具有科学性是对评价结果客观性的保证，同时也是发挥评价结果目的最重要的保障，因此优化评价的结果反馈过程是至关重要的过程。反馈分为三个阶段：反馈前，确定反馈结果具有可靠性和有效性之后，及时反馈给教师本人以及所在的分院，利用反馈信息指导和改进自己的教学；反馈中，需要注意反馈信息的时效性、全面性、准确性和多样性；反馈后，需要重视反馈的后效追踪。通过优化教学课堂评价的过程，从中分析评价的得失，改进评价中的偏差，提高评价质量，真正发挥课堂教学质量评价的作用。

树立底线意识，设立监控机制。每个高校都有上百门至上千门课程，不可能每一门课程、每一位教师都能将“思政”部分讲透、讲精彩。所以，在课程教学的督导过程中，首先，要确保专业课教师不能出现背离社会主流价值观念和质疑特色社会主义道路、党的领导等不当言论的出现，这是“课程思政”应有的体现和坚守的底线。其次，对“课程思政”实施效果开展综合评估。对在校大学生以问卷调查的形式评估“课程思政”实施总体效果。“课程思政”教学落实相对较好的课程教师要给予奖励，并纳入教师绩效考核；而对于落实“课程思政”教学改革目标差距较大、能力不足的教师要及时指导和组织培训。

（四）建立健全责任制度

围绕立德树人根本任务，从中央部署到地方推进，再到学校落实，各层级需要按照各自的“课程思政”工作方案，领任务、担责任。人事部门要根据各部门职责、各岗位职责，将“课程思政”职责要求纳入其中，明确责任主体、责任落实和追究。省级层面“课程思政”工作要按照中央的要求，在抓各级各类学校党组织建设、思想政治工作、校党委工作等方面，将评选各类学校、各单位、各组织“课程思政”先进集体和宣传“课程思政”工作、先进典型事迹。学校层面以校党委为领导的“课程思政”工作组，明确党政部门对“课程思政”工作的意识形态指导、宣传教育责任；明确人事部门要建立与“课程思政”内容要求相融合的岗位考核制、年终考核制；明确各职能部门、各教学单位承担“课程思政”的责任，建立与岗位职责相融合的工作制度；明确教师指导学生党建团建、社团活动、科研和文体竞赛等方面的责任制。总之明确全体教职工“课程思政”职责，实现时时处处思政，事事处处追责。

（五）完善各项保障制度

1. 政策保障和软硬件保障

保证“课程思政”工作的衔接性和持续性，就需要在教师培养、培训，各层级教师流动、人才培养、信息资源共享流通，教学科研指导等方面，既要有省级层面的统一政策支持，也要有学校特色的政策支持。为了使学校师生在“课程思政”工作中受到潜移默化地影响，就要有目的、合理地设置校园基础设施、标志物、建筑物等使其充分发挥育人功能；利用社会资源为师生搭建设备齐全的科研、竞赛、文体等实践活动场所，联通多样技术支撑的平台；充分利用既有设施、场所，打造含有“课程思政”功能的环境，以此来优化师生的精神世界、陶冶志趣情操，促进师生共同发展，积极主动维护“课程思政”育人环境，发挥“课程思政”作用。

2. 资金、技术保障

通过健全制度体系来充分释放教师团队的潜力，主要是指通过完善制约高校教师素质能力提升的体制机制，主要包括加强资金、技术保障力度。第一，从资金层面来看，学校开展“课程思政”工作，需要经费支持。省级层面的经费支持可由学校进行申请，依照相关规章制度进行拨付，或者鼓励学校自主利用社会资源获取经费支持。学校要对党建、思想政治工作、“课程思政”、思政课程等含有育人内容和功能的教学科研工作设立专项资金、专项账户、专门管理人员，依据育人项目和教学科研申报级别、工作量、工作成果，设立不同额度的专项经费，以此来鼓励深化“课程思政”研究工作，进而为提升育人工作成效提供理论支持和决策依据。对于“课程思政”项目立项、技术研发、人员抽调等方面予以大力支持。通过资金方面的支持，高校教师就可以根据个人需求、个人偏好有针对性地开发适用于“课程思政”的教学。加强“课程思政”建设的正向促进效用和影响力，但对于资金的使用方面应该设立一个公开透明的监管机构。第二，从技术层面来看，“课程思政”建设不是单一专业进行开展的，需要高校多部门、全方位的协同合作进行的，因此在当下的信息时代，更加需要信息通信技术等方面的支撑，规避因为技术原因制约“课程思政”工作的开展。当然，对于技术保障力度的加大，同样是需要资金层面的支持，但更需要的是得力的团队来操作，因此需要相关管理部门统筹规划、加强协调。

第六章 “课程思政”案例分析

教育部在2020年5月28日印发的《高等学校课程思政建设指导纲要》[①]要求，“高校‘课程思政’要融入课堂教学建设，作为课程设置、教学大纲核准和教案评价的重要内容，落实到课程目标设计、教学大纲修订、教材编审选用、教案课件编写各方面，贯穿于课堂授课、教学研讨、实验实训、作业论文各环节”“全面推进高校“课程思政”建设，发挥好每门课程的育人作用”。高校的根本任务是立德树人，立德树人的根在课程。课程是人才培养的核心要素，因此所有课程都要参与思政教育，共同实现思政教育目的。“课程思政”的战略举措影响甚至决定着接班人问题，决定着国家长治久安，决定着民族复兴和国家崛起，所以，“课程思政”是每一门课程都要承担的责任。

第一节 厚植家国情怀，建立文化自信——以大学英语“课程思政”教学设计为例

21世纪是一个国际化的知识经济时代，在全球化视野之下，面对复杂多变的国际国内政治、经济、文化背景，将中国传统和当代文化价值观融入英语教学，在英语教学中深入渗透思政智慧，厚植家国情怀，建立文化自信，具有重要的教学理论价值和实际意义。语言既是一种社会现象，也是一种文化现象。大学英语教学重要的教学目标之一是把思政智慧教育融入教学活动中。英语教学不仅是多元文化交流传播的平台，也是不同价值观、意识形态的竞技舞台。全球化背景下，大学英语教学既是跨文化传播的工具，也是讲好中国故事、弘扬中国文化自信的重要媒介。

① 教育部 . 高等学校课程思政建设指导纲要 .2020 年 5 月 28 日

一、大学英语“课程思政”教学的必要性和可行性

大学英语课程以立德树人为根本，为培养面向生产、建设、服务和管理第一线所需的高级技能型人才目标服务，是培养高校学生综合素质、提升职业可持续发展能力、实现全程育人、全方位育人的重要课程。

大学英语课程兼具工具性和人文性特点，既有语言技能的训练，也有人文素养的培育，是高等学校人文教育的重要一环。作为周期最长、覆盖面最广、总学时多的一门通识教育课程，大学英语在人才培养方面具有不可替代的作用，是思想政治教育的重要载体。我们不仅要看到大学英语的工具性，还应该看到该课程兼有的人文外语教育中的“课程思政”探索性。英语的背后有大量西方文化，其中包含着许多与我们的文化和价值观不一致的思想内容，学习英语不可避免地要接触这些思想内容。所以英语学习总是处于中西文化的交互地带，是不同价值观和文化理念冲突的前沿。这就是大学英语课程的特殊性。处理不好就会出现崇洋媚外，被西方文化洗脑，否定我们自己的文化，尊崇西方价值观的危险。因此，根据大学英语课程的这一特殊性要求我们尤其应该注重其“课程思政”建设。

二、大学英语“课程思政”的融入理念

大学英语课程与思政内容的契合点是进行“课程思政”改革建设的原点，在具体的教学中，大学英语教师在思政元素融入时要起到“传承”，以及唤起文化自信的作用，辩证的思考方式贯穿于中国文化的发展，是中华文明的特质之一，大学英语“课程思政”还能起到思辨的作用。思辨及理解主题、内化自信。在教学设计及实施环节采用问题导向型任务，以学生为主体，教师主导教学活动设计，梳理显性教学与隐性教学之间的有关育人的教学目标，并以隐性教学的方式实现或利用第二课堂实现育人目标。利用混合式教学法进行输入输出习得理论，注重教材语言输入，搭建词汇“脚手架”。根据翻译版块、文化主题，提供文化拓展资源，如新闻、纪录片、文化知识、讲解、微课等。在赋予时代感和文化内涵的时政内容中，挖掘思政主题，每篇文章以一个或多个相近思政关键词为主线，将不同素材串联起来，对学生进行文化素养培育和价值观塑造，提升视野格局、意志品质，提升学生跨文化理解与交际能力。

大学英语“课程思政”教学设计实操性理论，在大学英语课堂教学中采用“产出导向法”教学法，提倡“学用一体”，注重提高课堂效率，努力实现学以致用，努力提高学生的语言应用能力。从宏观上研究大学英语的编写体系、教材特色，

在微观上着眼于不同单元多样化的文章主题、全面的语言技能覆盖和形式多样的课后练习，按照POA模式来精心设计教学环节，将驱动式导入、指导与促成、总结与评价、拓展与延伸等各个环节进行合理的衔接，调动学生的学习积极性，高效地利用有限的课堂时间来完成既定的教学目标和任务。将英语语言的工具性和人文性进行有机地结合，既传授语言知识，提高学生的跨文化交际能力和英语的实际应用能力，又适时进行德育教育，帮助学生树立正确的人生观、价值观和世界观。坚持理论与实践相结合，在潜移默化的思政教育中实现社会关注点的渗透，进而达到“学而时习之”的目的。在大学英语课堂中应突破纯书本知识学习，突破词汇、语法、阅读理解为主的英语教学，而是应以问题为导向，锻炼学生的批判性思维和实践能力，通过对现实问题的思考，培养学生的家国情怀和国际视野。此外，在疫情防控期间开展线上线下混合式教学，利用大学英语的慕课资源、外语数字化教学平台、课堂等资源积极开展混合式教学，拓展学习内容，加大学习力度，有效提高大学英语的教学质量。

三、大学英语“课程思政”目标

大学英语“课程思政”建设与教学改革的出发点应该是教学目标。依据建构主义学习理论，创建“以学生为中心”的线上线下听说交互课堂，以思政教育为主线，教材内容为依托，教学辅助平台为载体，项目式作业为引导，锻炼学生的能力，培育既有家国情怀又有国际视野的新时代中国特色社会主义人才。

大学英语课程有“英语应用能力”“跨文化交际意识和交际能力”“自主学习能力”“综合文化素养”等多个层面的目标要求，而最首要、最基础、最根本的是语言教学层面的目标，即通过大学英语课程学习，培养运用所学语言知识进行真实交际实践的能力。大学英语教学应该坚持一切课程、一切课内外活动均以英语应用能力，尤其是口语表达交流能力为首要目标，强调产出表达，突出交际互动，确保实际应用，为学生学业发展和未来工作、科研等需求服务，但大学英语教学目标绝不止步于语言教学层面，而应该通过大学英语课程的教学设计，提供与目标相匹配的学习环境与交往体验，在学习知识的同时提升技能，培养学习兴趣和学习责任，求实的科学态度、宽仁的人生认知，崇尚对真善美的追求，表现出课程赋予的关键能力、内在意识和必备品格，实现自己的人生价值。

“课程思政”建设的推进为大学英语教育带来了全新挑战，是对以往拘泥于知识传输的教学模式的一次革新。对于新情况、新任务带来的挑战，一些教师出现了畏难情绪，对新要求、新方向采取回避或者忽视的方式，缺乏开拓进取的魄力，大学英语教师“课程思政”建设在能力素质方面仍有不足。

（1）缺乏过硬的思想政治素质

行为示范，学为人师。教师的思想政治素质既可以显性地体现在言传身教中，也可以隐性地寓于教学设计、内容、考核等教育教学全过程，从而对学生的思想引领和价值观养成造成影响。个别教师思想政治素质不高，导致其在教育实践过程中偏离党和国家的教育宗旨，甚至出现宣传错误价值观、宣扬错误思想的极端现象。在英语教育中，容易出现盲目鼓吹西方文明，肆意贬低中国文化和历史的取向的情况，对学生世界观、人生观、价值观的正确养成造成巨大损伤。

（2）缺乏辨别信息是非对错的能力

由于英语学科的特殊性，无论是在课堂教育教学还是课后自主学习的过程中，学生都面临着海量外国信息的输入。纷繁复杂的信息中不免包含着虚假扭曲或者错误不实的负面元素，一些教师缺乏应有的信息甄别能力，为错误信息的输入留下了空间，从而埋下教育教学环节的信息隐患。

（3）缺乏获取“课程思政”教学资源的能力

英语教育作为人文社会科学的一环，本身蕴含着丰富的育人资源。但一些教师面对海量的教学信息资源，显得手足无措，拘泥于语言知识的梳理，而忽略教学资源中蕴含的思想价值元素，无法提炼其中的育人资源，让一门英语课成了一门语言“培训课”。这就要求大学英语教师认识到在教育教学过程中，以培养社会主义合格建设者和接班人为已任，自觉肩负起贯彻党的教育方针，培养社会主义新人的使命担当，进一步明确作为高校教师的角色定位；认识到无论教授哪一门语言，介绍哪一国文化，其情感目标和价值目标最终都要落实到坚定学生理想信念，增强其“四个自信”上，将知识传授与思想育人有机结合起来。

教师要精准地把握人才培养的客观规律，在育才的同时更加清楚地认识到育人的根本要求。作为英语教师，更要认识到自己不仅承担教授语言知识技能、传播外国文化、培养学生跨文化交际能力的职责，更重要的是要把塑造灵魂、塑造生命、塑造人作为首要职责。要时刻自省，在教育教学过程中自觉做到“经师”与“人师”相统一，真正发挥铸魂育人的作用，切实履行为党育人，为国育才的神圣使命。

为确保实现“能力”目标，大学英语教学应该处理好“学”与“用”的关系，在课堂教学实践中遵循“应用导向”理念，做到“以用促学，学以致用”。大学英语教学中的“学”与“用”，还涉及“知识、技能、素质目标体系”中知识与“技能”的关系问题。“学”可指语音、语法、词汇等语言“知识”方面的学习

（而用于巩固语言知识所进行的机械性操练活动，因为缺乏实际交际场景与目的，一般也归属于“学”）；“用”则指在真实交际场景、带有真实交际目的的听说读写译等语言应用方面的技能训练。

大学英语教学活动应该是一个学生与教师相互交流、相互修正的过程，教师应及时摒弃自身的权威意识，允许学生开口表达。如在英汉翻译活动中，英译汉、汉译英等活动的发展方向不同，其翻译方法也存在着本质上的差别，在“课程思政”理念下，教师应对翻译工作进行同步优化，保障翻译工作的科学落地。以英译汉活动为例，在高等教育活动中，大学英语课程的结构体系比较复杂，学生解读相关知识的难度较大。基于此，教师应导入思政课程理论中的“全员概念”，要求每个学生独立发挥自主价值，从而为英语教育活动的落实提供实质性支持。在英译汉活动中，文化、习俗、社会环境、地理位置的差异将直接影响到最终的翻译效果，教师应要求“全员”重新分裂为独立的个体，从各个角度对大学英语内容进行解读，从而消除文化隔阂。

教师应要求学生在不同的语言环境中对相关表达知识进行梳理。通过强调个体的表达价值，学生能够独立从各个角度进行思考，进而对英语教育知识进行同步优化。在汉语表达体系中，其偏重于先说过程再说结果的表达方式，而英语的交流方式则与其完全相反，在这种情况下，大学英语教学工作很难取得较大进步。教师可落实“全程理念”，消除不同语言体系中的矛盾。在中文体系中，按照英语句式的表达特点，将主要结构提取出来，作为“重点攻坚对象”；在英语表达体系中，对其表达特点与表达方法进行梳理，展现汉语的表达魅力。英语教学活动并不是一个“浅尝辄止”的过程，除对文化进行考量外，还要对英文材料中的表达方法、表达意象进行剖析，从而消除文化之间的隔阂。

在“课程思政”理念下，教师应对整个教学过程投入必要的关注，为学生的思维锻炼、技能锻炼提供硬性支持，保障教学流程的开放性、科学性。教师应针对不同的教学周期落实不同的教学方案。比如在大学英语教学初期，以学生的技能训练为主要核心，培养其文化解读能力；在英语教学活动中，教师应培养学生的大局观，结合原文的思想核心、表达技巧进行学习。英语教学是活的，在“课程思政”理念下，教师必须尊重学生在学习中所占据的地位，从学生的角度入手，为大学英语的精通学习提供技术支持。

大学英语“课程思政”价值引领的作用，要靠教学实践实现，而“课程思政”教学目标的确定，是教学内容、过程、方法、手段、评价、监管、保障等所有要素的前提。大学英语几乎所有课程的教学目标，都包含听说读写译等方面的能力要求，即学生应该能够使用英语在某种情形下完成某种事项。大学英语“课程思政”的教学目标，不仅体现在各项语言能力和学习能力上，更体现在综合素养上。但人的思想进步和素质提升，往往很难通过观察或检测直观表现出来，因此，教学设计的关键，在于依据大学英语教学总的目标要求，采用与能力标准表述类似的理念和路径。

四、大学英语“课程思政”资源

（一）大学英语教材中的“课程思政”资源

大学英语课程普遍注重依托各单元的政治、经济、文化、科技、环保、人文等主题，在学习和应用语言的过程中使学生能够开阔眼界、辩证思考、触发家国情怀、立志奉献社会。大学英语课程教材在编写过程中融入了“课程思政”教学理念，编写者在确定全书的单元主题后，通过语篇选择、内容布局和活动设计，将思政元素融入每个单元的内容中。从国家、社会和个人发展所需的角度，将国家认同感、民族自信和自豪、全球视野、人文情怀、科学精神、良好品格、时代精神、实践创新等思政元素，安排于各个单元之中，每个单元各有侧重，让思政元素在学生的英语学习中“润物细无声”地起到潜移默化的作用。

中华优秀传统文化是“课程思政”的重要内容。在大学英语教材编写时，编写者应精心选择包含丰富文化信息的各种语篇，并基于语篇内容设计活动，培养学生的文化自信，引导学生充分肯定中华民族优秀的文化和悠久的历史文明，从而产生高度的认同感，并愿意积极参与新时代中国文化和文明的创新发展中。学生在学习中民族自豪感会油然而生，增强对国家的认同感，坚定民族和文化自信。通过学习，学生不仅能够提高语言能力，还能提升人文素养、文化自信与跨文化能力。

1. 关于品格教育

大学英语教材中蕴含了丰富的品格教育素材。品格教育是道德教育的重要组成部分，因此在传授语言知识的同时对大学生进行品格教育，培养其高尚良好的品格，促进大学生健康发展，以及实现其最大的个人价值和社会价值是新时代背景下高校所有教师面临的一个重要课题，是落实“立德树人”根本教育目标不可或缺的重要内容。

2. 关于“三观”教育

通过学习，学生可以进一步明确不同国家和地域具有不同的文化特色，形成唯物主义的世界观，正视多元文化的存在和差异，学会用批判的思维看待世界，接受世界纷繁复杂的多样性；课文中旅行过程的酸甜苦辣也恰好折射出了真实的人生，教师可以抓住时机让学生感悟：人生就像旅行一样，既有愉悦身心的旖旎风景，也有辗转颠簸带来的疲惫与不适，从而指引学生正确看待生活中的美好和糟糕，塑造正确的价值观和人生观。

3. 关于形势与政策教育

大学英语教材中可以挖掘思想政治教育形势与政策教育的资源。高校教师在授课过程中不能有意忽略、疏远或避开国家政策、历史与现实、国际局势与热点问题，要主动引导学生正确地认识、了解和掌握形势与政策，培养其对国家政策、国际局势等科学理性的分析态度。在当前世界局势复杂，各种思潮起伏的历史性变革时期，开展形势与政策教育是坚定社会主义办学方向，落实“立德树人”教育任务的重要保障。

4. 关于爱的教育

爱的教育是一种理念和思想，高校的根本任务是“立德树人”，而树人的首要任务就是培养有爱青年。对青年学生进行爱的教育，是落实“立德树人”教育任务，进行思想政治教育的重要组成部分。在其内心根植伟大又崇高的爱的情感，有助于激发其不竭的奋斗力和创造力，有助于增强青年学生的社会责任感和使命担当。大学英语教材中也有表达父母对孩子的个性特点和成长规律的尊重，让我们看到这种尊重对于孩子的发展是非常重要的。对于孩子的教育，无论采取的是直接督促、严加管教还是迂回婉转、耐心等待，都饱含着父母深沉的爱。这一点在作为授课对象的大学生中是很容易引起共鸣的，他们会倍加珍惜父母的爱，在感恩父母的同时会珍惜当下努力奋斗，不辜负父母的殷切期望。同时，也会自觉主动地把这种感同身受的爱传递给下一代或他人。当然，以“立德树人”为根本教育目标的高校教师不能仅止于此，要更加深入地对大学生进行爱的教育。

（二）大学英语教学中融入“课程思政”元素

大学英语畅谈中国文化课程，围绕文化主线讲述中国哲学、建筑、风俗、艺术等方面最具有代表性的内容，让学生充分领略和体验丰富的中国文化。课程以产出为导向，自主学习与合作学习相结合，在充分领悟中国文化精髓的同时，掌

握其英文表达，从听说读写各方面提升英语综合应用能力，从而能在更大的舞台上积极传播中国智慧，弘扬中华文化。如商务英语课程，除了要求学生掌握商务英语术语和各种商务知识，提升商务英语阅读能力和口语交际能力，还特别要求学生能用英语表达相关职业规范，展现对职业精神的理解，用英语讲述职业品格和社会责任感的内涵和事例。

大学英语教学中的法治教育，不仅可以通过为法律学科专业学生开设的相关专门用途英语课程实现，还应该渗透进大学英语所有课程，用英语剖析讲述身边事、真案例，帮助学生真正理解依法治国的理念，领会公平正义的含义。

学生通过用英语完成学术研究项目，提升学科专业英语学术文献资料阅读能力、学术英语写作能力、学术英语与跨文化口头交流能力，提升综合素质。课程通过强调项目研究的学术性和专业性，培养学生重事实、讲证据的科学精神，让理工科学生则能够走出实验室、了解社会、拓宽视野、培养人文精神和家国情怀。课程可以以“社会关切”引导学生《治国理政》，以“问题导向”引发研究兴趣，鼓励学生在选题时将个人学科专业、研究兴趣与新时代的中国相结合，用英语完成学术研究项目，用学术研究项目回答《治国理政》中的问题，提升国情意识和社会责任感，实现大学英语、学科专业、“课程思政”三位一体、协同发展。

五、大学英语“课程思政”教学设计

学习一门外语，一定涉及目的语国家的思想内容、思维方式和价值观因素。学习大学英语课程，不可避免会接触世界观、人生观、价值观、历史观完全不同的人与事，面临历史文化、社会机制、发展道路、政治制度乃至民族文明的冲突，大学英语课程越是强调语言材料的原汁原味，学生就越容易受到西方思想潜移默化地影响。大学英语课程与教学，要求学生首先对祖国、社会主义道路、中华民族和文化有认同，传播中华文化才有动力，大学英语在思想政治教育方面要“守好一段渠、种好责任田，与思想政治理论课同向同行，形成协同效应”[①]。大学英语课程在国家、社会、学校、学生个人等层面的价值与意义，表明大学英语不仅仅是语言教学，而是“外语教育”。大学英语课程自带育人基因，“课程思政”引领下的大学英语教学体系改革，是对大学英语课程既育才又育人的价值引领作用的全面认识和重新定位，是对大学英语“课程思政”教学目标、内容、过程、方法、

① 引于习近平总书记 2016 年 12 月 7 日在全国高校思想政治工作会议上的讲话

手段、评价、监管、保障的全面梳理和更新重塑，是“不忘初心”再出发，是全员、全过程、全方位“课程思政”建设的总动员。

教学策略上关注学生价值观和人生观、思辨能力、家国情怀与责任意识的培养，以期实现新时代“专业化、应用型”高等教育人才培养和“课程思政”目标。在大学英语教学活动中，学生并不缺乏积累语言智慧的机会，但缺乏表达语言智慧的能力，积极推动“课程思政”理论，对于调整师生双方的教学方向、能力发展方向有着极为重要的作用。在以“德育教育”为核心的教学理念下，“课程思政”理论要求教师尊重学生的主观能动性，通过外界环境、教学资源、学生意识三者的有机配合，重新定义当前的教学活动。在开放性较强的教学引导工作中，教师能够发挥自身的引导优势，并根据教学内容加强教学活动的基础作用，从而挖掘教学活动的育人功能，发挥育人的综合效应。在思政课程理念的引导下，教师必须对德育教育、技能教育、理论教育三大板块都投入足够的关注，进而实现理论与技能的有效衔接。通过“课程思政”理论，学生与教师作为相互联系而又彼此独立的群体参与到教学活动当中，其对于教育教学活动的积极影响更为明显。

在“课程思政”理念的要求下，学生与教师可独立发挥自身的管理职能与探究职能。教师在既得的教学体系中搜寻可用的教学经验，与当前的教学知识形成对照，从而为学生提供新的学习方法，对旧知识进行重新梳理，利用新的教学方法解决学习难题；学生可根据已掌握的知识重新调整当前的课程学习结构，对相关教学知识做出积极回应。依靠教学经验的有机配合，学生与教师可在英语教学活动中建立更为积极的联动。

提升大学英语教师的“课程思政”设计理念：①选择注重语言知识与“课程思政”有效融合的英语教材，教师通过实际的课堂教学深刻体会教材的优缺点，及时做出相应的调整和补充。大学英语教师可以通过课文的导入、单词的讲解、文章结构的分析、知识点的引入、课后习题的讲解等环节把“课程思政”的元素融入进去，将时政新闻、党和国家领导人的讲话、国家政策的英文翻译带入语言的讲解中。②通过线上线下混合式教学模式，以合作探究的学习方式开展“课程思政”教学，带领青年学子关心国家大事，积极参与国家大事，激发学生的爱国情怀。以习近平总书记的青年人才观为培养目标，厚植爱国情怀。③在授课后进行教学反思不仅是教师应该具备的基本素质，也是提升大学英语教师“课程思政”素养，打造“四有教师”的要求。教师是一个需要终身学习、终身成长的职业，因为学生年年有变化，时代也在发生变化，及时反思课前、课中、课后的教学思路，及时整合、调整、改善教学思路是非常必要的。在“课程思政”的大格局下，大学英语教师更要以立德树人为己任，锻造自己可持续发展的能力，以习近平总书记倡导的青年人才观为自身发展方向，坚定政治信仰，培养语言交际能力。

六、大学英语“课程思政”教学实施

大学英语“课程思政”的教学以学生为中心，倡导自主学习和思辨，紧密贴合教材内容，深挖思政要点，兼具文化素养和时政特色。以单元主题为切入点，“谋篇布局”融入思政教育，教师在课堂上带领学生集中学习上半部分内容，下半部让学生自主学习。教师依据单元主题，搜集素材，组织教学，课前发布自学清单，利用 App 上传本单元教学资源；学生通过自主学习，提前了解学习内容和预热单元主题。

课前预热：教师设计课前调查问卷，通过问卷平台针对学生的专业特色、教育现状和就业现状等问题展开深入调查。课中学习：课中采用探究教学策略，引导学生从自身兴趣出发，通过思考、辩论和研习，提高学习的主动性，让知识入脑入心。人物分析环节采用案例教学法，小组代表轮流走上讲台，通过播放、演示 PPT，向同学们讲解杰出人物的经历与故事，带领同学们再次体会案例人物的奋斗历程，案例人物在奋斗期间有失败、有挫折，但通过不懈的坚持和执着的追求皆收获了成功。基于课本代表人物的案例，结合自主搜集整理材料和小组代表的现场讲解，同学们早已对这些人物产生了敬畏和钦佩之情，教师可以借助 PPT 进行点评，或在总结时“趁热打铁”，现场随机抽取部分学生谈谈他们的感悟。这是导入思政教育之品格教育的关键时刻，可以潜移默化地引导学生进行深入反思和觉醒，避免生硬说教带来的反感和排斥。同学们会认识到恒心、毅力、不轻言放弃不仅是良好的学习品质，也是所有成功者必备的优良品格，是未来社会主义建设可靠接班人的核心竞争力所在。在人物分析环节的基础之上，采用任务驱动教学法。布置同学们课下自行搜集观看我国关于坚韧不拔、百折不挠民族精神的英雄事迹视频，并运用本单元所学英语表达写下培养个人优良品格的心得体会及人生启发，或对于伟大民族精神的讴歌，统一定于下次课时进行个人课堂分享。相信通过任务驱动的方法，同学们都会认真且主动地梳理自己的心理感悟，因为他们已经真正意识到了优良品格对于个人、集体、民族和国家的重要性。学生可以实际练习有关良好品格词汇、短语和句型的英语表达，可以让坚韧不拔、百折不挠的伟大民族精神再一次在他们心中产生共鸣，激励同学们付出实际行动，在养成优良品格的同时自觉弘扬和传承中华民族优良传统，用不屈不挠、自强不息的中华民族精神谱写绚丽的青春之歌。除此之外，还可以在主题导入、重点单词讲解、句型拓展、翻译练习、阅读选材、口语练习、写作等方面全方位地融入思政教育内容，促进思政育人功能的实现。

第二节　强身健体，铸魂育人——以高校体育“课程思政”教学为例

2020年5月28日，教育部印发的《高等学校“课程思政”建设指导纲要》指出："体育类课程思政建设要树立健康第一的教育理念，注重爱国主义教育和传统文化教育，培养学生顽强拼搏、奋斗有我的信念，激发学生提升全民族身体素质的责任感。”要求广大教师要进一步强化育人意识，找准育人角度，提升育人能力，确保体育“课程思政”建设落地落实、建功见效。

一、高校体育“课程思政”教学目标

体育是以身体与智力活动为基本方式，根据人体生长发育、技能形成和技能提高等规律，达到促进全面发育、提高身体素质与全面教育水平、增强体质与提高运动能力、改善生活方式与提高生活质量的一种有意识、有目的、有组织的社会活动。而思想政治教育是指社会和社会群体用一定的思想观念、政治观点和道德规范，对社会成员进行有目的、有组织和有计划的影响，使他们形成一定社会所要求的思想品德的社会实践活动，属于人的理想信念教育。尽管体育课和思政课程的教育目的不同，但两者可以相互促进、相辅相成。高校体育教学的目标是对高校体育活动结果进行预期，是高校体育教学工作的出发点与归宿，是高校体育课程开展的主要问题，引导高校学生的价值走向。体育教育专业课程承担着培养德智体美劳全面发展的责任，而思政教育是围绕思政总目标开展课程教学，可以提升学生的思想道德水平，帮助学生形成正确的理想与信念。因此，高校体育“课程思政”的总目标应作为确定体育教育专业“课程思政”元素的基本关联。

（一）高校体育“课程思政”教学总体目标设计

高校体育“课程思政”教学目标要求教师在教学过程中向学生传授体育运动知识，同时在体育课程中渗透思想政治教育元素，建立体系化的体育课程思想政

治教育教学目标，通过体育教育的方式潜移默化地影响学生的思想意识和行为举止。需要克服体育课与思政课在教学目标设置上各自独立和互相冲突的问题。而对体育课的思政教学目标进行研制时应集体进行，需要学校思政课程的专业教师及体育课程专家，结合本校体育课开展现状进行研制，应注意以下几点：首先，在进行高校体育课的思政教学目标设计时，应立足体育课程的开展现状与特点，梳理体育课程的思想政治内容，形成体育课思政教学的目标框架。在体育课中富含着丰富的思政元素，如教师在传授运动技能时，可以采用有趣的思政内容进行切入，使高校学生在学习技能的同时受到良好思想影响。学生在进行中长跑训练时能够培养学生坚持不懈、勇于进取的精神品质；进行短跑训练时能够培养学生开辟创新、勇于拼搏的思想品质。而另一部分思政元素还需要进一步开发，需要思政学科专家与体育专业学科的专家根据《高等学校“课程思政”建设指导纲要》[①]的要求进行深入挖掘和优化具体的思政内容，经过科学的讨论形成宏观的体育课思政课程目标。其次，需要解决体育课程的教学目标与思政课教学目标的同向发展的问题，对体育课程目标具体细化为认知、情感和技能目标，并将思政内容的目标与体育课程目标进行有机融合，使得体育课的教学目标与思政教学目标同向而行，应在体育课程具体的教学进度安排与思政课程内容的安排方面保持协同一致，形成体育与思政相结合的教学目标体系。

最后，建立合理和系统的体育课程的思政教育教学目标。解决不同类型的课程应当如何与思政教育内容进行合理的结合，教学目标如何设定的问题，如进行理论课学习时设计怎么样的思政教学目标，如何系统安排教学内容；进行技术练习课程时思政教学内容的知识点又该如何合理进行分布；体育思政教学目标如何保持教学系统性等一系列问题。

（二）高校体育“课程思政”教学具体目标设计

体育课的开展对大学生思想政治素质的提高有促进作用，它是实现高校思政课程目标融合的有效途径之一，同时也是思想政治课程建设的重要载体，“课程思政”为体育课教育注入了新的血液，使其焕发生机和活力。要想使思政课程内容与体育课程紧密结合，必须对体育专业课程教学内容进行挖掘梳理，结合体育学科的特点、思想观念和具体情况，对思政课程内容进行深度挖掘，使之与体育课程有机融合。高校“课程思政”教学建设应贯彻课程目标设计，总体目标确立后，应确立好课程的具体目标。体育“课程思政”教学目标的确立需要体育专业人员

① 教育部 . 高等学校课程思政建设指导纲要 .2020 年 5 月 28 日

和思政课专家协同合作，根据高校学生体育课程实施的现状和学生发展的具体情况，细化体育课教学目标。思政内容与体育课程内容在教学进阶上并不是相互独立，在整体课程进度上要保持内在的同步与关联。因此，在对体育“课程思政”各个具体章节的目标设定方面，既要考虑与思想政治内容同步，更要立足既定章节的体育与思政教育相关元素进行开发、创新等，确定好具体的体育“课程思政”教学目标及其侧重之处。对于各章节的体育“课程思政”教学目标而言，应当对其具体目标进行系统的梳理，应当体现其内在的逻辑性，采用不同视角对教学目标进行分析，既要考虑便于教师教学，又要考虑对课程的可操作性，以及如何使得学生易于学习。将具体的思政教育目标纳入教学大纲，确立好具体的教学目标体系后，需要对体育专业课程的具体目标与思政目标进行有机的切合，使其相互促进、协同发展，最终形成“体育“课程思政””教学大纲。

（三）高校体育“课程思政”单次课教学目标设计

单次课的教学目标来自对体育课程教学目标的分解，以及思政课程教学目标的剖析，基于对具体的体育课程知识体系蕴含的思政元素，以及开发与挖掘的思政元素程度而定。第一，应当注意将思政元素依托于课程，使得具体的体育相关课程知识点与思政内容相互融合。对于部分体育课程知识点与思政内容难以结合的情况，应适当进行调整知识点与思政内容的兼容性，并且要根据学生的具体情况及原体育课程在该校开展的具体情况，对其学情进行分析，才能科学设定好单次课的体育“课程思政”目标，便于提高学生学习的效果，利于学生教学评价的进行。第二，教学目标的实现与教学内容的选择、教学方法的运用、教学管理的优劣及教学评价的效果息息相关，对于单次课的教学目标设计而言，应当“因地制宜”，思考体育课不同项目的特点进行目标的设定，如进行篮球等集体运动项目具体教学目标设定时，应注重学生集体意识和团队协助的培养，通过集体练习培养学生团结协作、互帮互助的精神品质，将民族精神及爱国主义等精神的培养穿插于训练以及讲解过程当中，进行单人项目运动学习时，教师应当注重培养学生坚韧不拔、独立思考的精神品质，同时以团队活动及团队游戏的方式增加课程乐趣同时培养学生的集体主义精神。第三，教学目标的设计要便于教学评价，不应过分重视结果性评价，应同时关注学生在上课过程中的思政体会。多方面对学生的学习效果进行评价，将过程性评价与终结性评价相结合，最终对评价结果进行量化的描述。

二、高校体育“课程思政”教学内容

高校体育“课程思政”建设内容要紧紧围绕学生坚定理想信念，以及促进和提高学生身体素养和养成健康生活方式，优化“课程思政”内容的供给，树立起社会主义核心价值观教育，系统开展爱国主义思想教育、法制教育、心理教育、健康教育和优秀传统文化教育等教育活动。将思政课程内容融入体育课堂之中，从目标设计、大纲修订、教材选用、教案课件制作等各方面，将思想政治内容贯穿于理论学习、交流讨论、技能教学、课后练习与反思等各环节。要以《高等学校课程思政建设指导纲要》① 为依据，坚持以人为本原则，以学生为主体激发学生对体育“课程思政”的学习兴趣，使学生在进行体育运动的同时丰富学生对思政内容学习体验，与提升学习效果为指向，让学生实现自我思考，合理地设置教学目标，优化体育“课程思政”内容，恰当选择教学方法，提升教学管理水平，采用过程性评价与终结性评价相结合的方式，进一步推动体育与“课程思政”相结合。

（一）发掘与整理，形成体育“课程思政”教学知识体系

构建体育课程知识体系，需要发掘思政元素的相关知识内容，整理原有的体育课程相关知识，对相关的知识点进行总结、提炼与分类归纳，从具体到抽象，自下而上构建起体育“课程思政”知识体系，有利于内容知识的抽象到具体，能够有效促进体育课程内容和思政教学内容有机结合。首先，深入发掘，充分发掘体育专业课程中蕴含的思想政治教育元素，形成体育课程的思想政治教学体系框架。其次，梳理思政教育内容知识与体育专业知识，形成体育课程的思政教育知识内容体系。通过思政学科专家与体育专业学科的专家合作结合《高等学校“课程思政”建设指导纲要》② 内涵和要求，根据原有的体育课程知识逻辑，通过初步整理，进一步形成具体的体育“课程思政”内容体系。在进行知识体系的整理过程中，对体育课程内容体系和思政课程内容进行有机融合，对原有课程的内容进行有机的调整。最后，对体育课程与思政内容知识体系进行梳理，形成完整具体可实施的体育“课程思政”内容知识体系。应对体育运动中所包含的思想政治元素进行进一步的梳理和分析，形成体育“课程思政”内容体系框架，对体育“课程思政”内容进行具体的分析，确立体育课程与思政课程相互融合的教学重点。进行体育“课程思政”内容教学时，应科学确立体育课程的思政教育内容框架、系统梳理思政

---

① 教育部．高等学校课程思政建设指导纲要．2020 年 5 月 28 日
② 教育部．高等学校课程思政建设指导纲要．2020 年 5 月 28 日

教育内容、建立起具有体育课程专业特点的思政课程知识体系。

（二）改进与完善，进一步优化体育“课程思政”具体内容

确立起体育思政教学内容知识体系后应当注重改进、完善与进一步优化体育“课程思政”内容，这是抽象到具体过程，对体育思政教学内容进行二次开发。在优化课程内容的过程中要对建立的体育“课程思政”内容知识框架进行进一步的优化，结合体育“课程思政”内容知识体系，对内容体系进行深入细化与具体的教学目标相对应，进一步深入体育课程内容知识体系，要对体育教学内容与思政教学内容相结合的教学目标进行细化，确定好具体的层次、维度与重点，建立起以思政内容为导向，体育课程内容为载体的教学课程；其次，改进与完善体育“课程思政”教育知识内容体系。通过进行二次梳理，进一步结合体育课程教学内容的特点及开展状况，形成具有体育课程专业特点的思政课程知识体系。最后，对体育课程内容与思政教学内容知识点进行合理的布局，依据体育课程的内部逻辑，合理分配思政教学内容，建立起具有思政特色的体育课程内容知识体系，为后续教案的设计提供理论依据。对于一节体育“课程思政”而言，要解决体育“课程思政”具体内容的设置问题，按照体育课程内容的内在逻辑合理穿插思政课程内容，安排每节课的思政教学内容，要落实到实际，使得学生易于理解和接收。

在进行单次体育“课程思政”内容时应注意以下几点：首先，结合已有体育“课程思政”知识体系对教学内容框架体系进一步梳理。结合学生情况、教师情况及学校开展现状，对已有的教学内容框架体系进行细致的梳理，制订符合实际情况的教学内容，删除不合理的教学内容，继续补充一些蕴涵思政元素的新的内容体系，全方面培养学生的精神品质、身心健康、运动技能和社会适应能力。其次，处理好具体体育课程知识点与具体思政内容知识的有机融合。例如，在进行排球课程内容时可以以“女排精神”作为切入点，通过女排故事的讲述，培养学生敢于拼搏、不怕困难的精神品质。

三、高校体育“课程思政”教学方法

教学方法的选择对课堂教学效果起着至关重要的影响，选择合适的教学方法能够培养学生的学习兴趣，增加学生对知识的理解，提升学习效果。体育教学方法的创新，能够调动学生学习运动技能的积极性，提高技术动作掌握的效果，利于学生形成良好的体育习惯，为终身体育打下坚实基础。对于体育“课程思政”而言，教学方法的创新能够更好促进体育课程内容与思政教育内容的有机结合，引发学

生进行深入思考，增强学习过程中的体验感，提升增强技能学习效率的同时加深了对思政教学内容的体会与理解。根据体育课的教学特点，可将体育“课程思政”分为理论课程与思政教育相结合和技能学习与思政教育相结合两类主题进行探讨。

（一）理论课程与思政教育相结合的主题及教学方法

在进行体育理论知识课程教学中，会涉及思政教育内容知识的讲解。应当注意以下几点问题：首先，对于一些抽象的概念应当结合体育课程知识进行讲解。在对抽象概念的讲解中，不应脱离体育课程内容机械地对思政教学内容进行讲解，可以采用师生互动将体育课程内容与思政教学内容有机地结合，可以利用案例切入的方法进行教学，例如，对爱国精神的讲解，可以通过“国球精神”的案例为切入点，通过中国乒乓球队的发展历程来讲述运动员是如何为国争光的，发扬爱国主义精神的同时增加学生对乒乓球运动的了解。其次，在教学过程中应了解学生对知识的掌握情况，有针对性地进行教学。对学生进行思政知识内容的讲解时，要考虑学生掌握知识程度，可以通过提问的方式来了解学生掌握知识的具体情况，如“我们为什么要加强体育锻炼”“篮球运动对于我们身体健康起到什么作用”采用问题提问的方式引导学生进行自我思考，在思考过程中增加对思政内容的体会与理解。最后，在教学过程中应充分调动学生学习的积极性，提高学习效率，可以利用小组讨论的教学方式，对设定的问题进行探讨，例如“全民体育锻炼对社会的发展有何作用”，以小组讨论的方式促进学生对全民健身作用的深入思考，从而影响学生对体育运动的理解。

（二）技能学习与思政教育相结合的主题及教学方法

在体育课程中，运动技能的学习是主要的教学内容，在课程中占有较大比重。因此，在教学过程中应当重视运动技能与思政内容的有机结合。第一，增强体育技能与思政教育的兼容性。体育“课程思政”教学不应该让运动技能的学习与思政教育内容相互分离、独立进行教学。例如，进行体育技能练习时，可以利用合作式教学的学习方式，让学生与学生之间的互帮互助，增强学生团结互助、乐于助人的精神品质。第二，要以思政教学内容为导向，身体练习为载体，促进学生技能的形成和精神品质的培养。例如，在进行新课讲授时，可以采用情境导入的方式进行教学，有目的地设置问题情境，将学生带入预设环境中，使学生进入情境，增强学生的体育技能及思政内容的体会与思考。第三，技能学习过程中要体现学生学习的主体性，可以利用探究式教学的方式，引导学生独立进行思考，例如，在疫情防控期间我们应当如何进行体育锻炼、如何进行自我锻炼，来提升学生自我思考的能力。

四、高校体育“课程思政”的教学管理

体育教学管理是指通过采取有计划、有组织的方式协调人的活动，发挥体育资源的作用来达到预期的目标。体育课的教学易受到外界因素的影响，教学过程一般是开放式的形式，要想取得良好的教学效果，就必须具有较为完善的体育教学管理措施。

（一）高校体育“课程思政”的教学安排

要实现体育课程与思政教学内容相互融合，提高学习效率，就要处理好在教学过程中思政内容比重的设置，思政教学内容如何选择恰当的切入点，以及如何组织好体育教学活动，从而促进学生在上课过程中对思政内容的理解和运动技能的提升，应当通过对教学目标的设置、安排好教学内容、教学方法的选择，合理地进行教学管理，最后获得教学反馈与评价，要充分利用好隐性课程和显性课程“两把刷子”，选择合适的教学内容，安排“显性”思政元素教学内容的同时应当发挥“隐性”教学内容的作用。要符合教育教学规律、保持适当的体育课程内容的总量及思政教学内容的负荷，选择恰当的时机进行知识点的切入。处理一节体育中思政教学内容安排总量是多，如何才能最大限度地发挥“显性”课程的作用，以及如何通过“隐性”教学内容去影响学生等问题需要进一步思考。

（二）高校体育“课程思政”的教育主题的切入

体育课程内容与思政教学内容相互融合，是提升体育“课程思政”教学的重要因素之一，而选好合适的切入点至关重要，不应叫思政教学内容机械化地“强硬”插入体育课程之中，应当采用自然切入的方式，要根据体育课程各个运动项目既定的内在特点，如篮球、足球等集体运动，项目自身就包含着思政教育元素，在教学过程中将培养学生团结协作、勇于拼搏的精神品质为切入点，将思政课教育内容的知识点内化在运动技能学习的过程中。对于单人项目而言，可以将一些优秀运动员的故事，以及事件作为运动技术学习的切入点，将爱国主义情怀等思政教学内容融入技能学习当中，使得学生不单单只是进行增强运动技能的学习或者是思政内容的学习，而是利用自然切入的方式能够使得学生更快更好地融入情

境之中，通过这种自然切入的方式能够引发学生自发地进行思考，激发学生内在的学习动机，调动学生对于运动技能学习的积极性及对终身体育重要性的理解。

（三）高校体育“课程思政”教学的调节与控制

课堂是教师与学生进行有机互动的过程，教师与学生的思想发生碰撞，促进知识启发和传递。对于体育课堂而言，教学大多是处于室外，体育课程的情景也有着复杂性的特点。因此，在教学过程中应当积极地对教学过程进行控制与调节，从而在体育课程复杂多变的情况下，保证课程有效地进行。对于体育“课程思政”教学的调节与控制应注意以下几点：第一，课前互动、了解学生实际情况。在上课之前应通过师生互动的方式了解学生掌握知识的具体情况，根据学生课前反馈的情况，课前对教案中的内容进行适当的调整。以保证设计的体育课教案与学生实际情况紧密联系，对后续体育课程的实施提供有力的保障。第二，随时观察，随时调整。在进行体育课程教学过程中，较多的是进行身体练习及运动技能的学习，加入思政教学内容后使学生学习的知识量增加了，学生在学习过程中可能会产生一些不适应的情况，比如说学习倦怠和注意力的分散，对于教师而言应时刻关注学生情绪的变化，采取恰当的教学方法，用更加幽默的话语、生动的案例和更具有亲和力的讲解方式调动学生学习的积极性，与此同时，对思政内容所占的比重进行适时地调整，从而达到更好的教学效果。第三，课后反馈、总结优化。在体育课程结束之后，应当总结归纳，关注学生对学习态度的变化，积极与学生进行交流与沟通，对发现的问题及时进行反馈，对课中存在的不足进行优化，使得体育课程的教学管理日趋完善。

五、高校体育“课程思政”教学评价

（一）体育“课程思政”学习效果的评价

体育“课程思政”教学评价，应从体育健康知识、运动技能、身体素质、情感态度，以及价值观等多个方面进行全方位的评价，对学生一堂课的学习效果进行综合的反馈，及时反映学生在学习过程中的发展情况，为后续教学的优化提供客观的依据。第一，处理好传统的教学评价与思政教育评价的关系。传统体育教学评价主要是围绕着学生活动认知、运动技能的掌握及情感的培养，已经有了较为成熟的教学评价体系。因此，在进行体育“课程思政”评价时应当沿用传统的体育课程评价体系，但并不是完全独立思政教学评价，而是将两者有机结合、相互促进、相辅相成。第二，对学生运用思想政治知识能力的评价。在体育课程中应注重评价学生对思政知识运用能力。第三，注意对生学生价值观、态度和情感方面改变的评价。在体育课后，应及时对学生课上的学习效果进行反馈，课后可以采用布置作业的形式去了解学生在课堂上的学习状况，例如，在进行篮球赛中，队员和队员之间最重要的是什么？体现出什么样的精神品质？采用布置课后作业的形式，了解学生在体育课堂中学习的效果。

（二）高校体育“课程思政”素养提升的过程性评价

体育“课程思政”中不应当只注重终结性评价，同时应该重视过程性评价，反映学生在学习过程中的思想的变化与知识的掌握程度，在高校体育课堂过程性评价中主要采用主观评价的方式，在评价过程中应注意以下几点：首先，过程性评价的占比不应小于结果性评价。学生思想政治的提升是一个过程性的转变。过程性的评价不仅符合因材施教的教育理念，同时也能够更好的评价学生在上课过程中对思政知识的领会情况。其次，在过程性评价中要体现学生主体性。在体育课堂上学生不仅仅是被评价的主体，同时也应当参与到评价中，实现教师评价学生、学生评价学生、学生评价课堂等评价方式，例如，进行一场足球比赛后学生以讨论的方式从不同的角度对赛场上运动员的表现情况评价，既要对技术战术进行评价，又要对学生思想政治的表现进行评价，全面提升课堂教学效果。最后，过程性评价中要注重全方位地进行评价。对于过程性评价而言，不应用机械统一的标准对学生进行评价，应根据学生的不同特点及情况，进行具体的反映，对体育课堂中的不同方面对学生的表现进行描述、记录，精准地反映学生在课堂中所表现的情况。还可以将课堂常规训练、教学比赛过程中，学生进步的过程作为过程性评价的依据，全方位地对学生的表现进行记录和反馈。

第三节 见微知著，融盐于汤——以微生物学“课程思政”教学为例

一、微生物学的学科性质

微生物学是生命科学领域的基础支撑学科，是医、药、农、林、食品及生物等专业本科生的必修基础课程。主要讲微生物的形态结构、生理生化、生长繁殖、遗传变异、生态分布、传染免疫、分类鉴定等生命活动规律，使学生牢固掌握微生物学的基础理论和基本技术，了解微生物领域的发展前沿，即在工、农、医等领域的应用，并能够在今后的科研及生产实践中，结合所学知识，解决环境污染和有害微生物的防控等具体问题。

与其他理工科专业课相比，“微生物学”课程主要有3个特点：一是基础性，该课程内容覆盖面广、跨度大，为生命科学领域众多学科提供基础理论及研究方法，是一门交叉性很强的学科，已经成为几乎所有生命科学研究的基础；二是应用广泛，课程与生产实践和日常生活结合紧密，在食品、生工、医药、化工、农业、能源、环保等方面均发挥着重要的作用，与食品安全、资源开发、环境保护和疫苗安全等社会热点问题息息相关；三是发展迅速，由于微生物具有其他生物不具备的特性，因此，微生物学研究得以迅速向纵深发展，突破性的理论及技术不断涌现，推动了生命科学领域的整体发展。

二、微生物学“课程思政”教学的必要性

首先，““课程思政””是人才培养目标的需要。我国高等教育人才培养目标的内涵是丰富的，不同学科的人才培养目标有所差异，但其根本目标是一致的，即培养社会主义建设者和接班人。习近平总书记在2016年召开的全国高校思想政治工作会议上也指出，“我国高等教育肩负着培养德智体美全面发展的社会主义事业建设者和接班人的重大任务，必须坚持正确政治方向[①]”“高校立身之本在于立德树人”。所以，思政是我国高校人才培养目标的内在需要，“课程思政”是实现这一目标的重要途径。

① 引于习近平总书记2016年12月7日全国高校思想政治工作会议

其次，微生物学课程是思政资源的重要来源。微生物学课程中蕴藏着极为丰富的科学精神与人文精神，且二者具有较高的融合度，这是其他类型课程无法替代的，因此，微生物学是思政教育的重要载体，也是思政资源的重要来源。具体来说，其科学精神核心要义是实事求是、追求真理、勇于创新，是在科学发展中形成的优秀传统、认知方式、行为规范和价值取向。不言而喻，科学精神与科学知识是紧密相连的，可以说每一个科学知识背后都蕴藏着鲜活的科学精神。人文精神是人类的自我关怀，表现为对人的尊严、价值、生命的维护、追求和关切。人文精神不仅体现在人文学科，同样也广泛存在于自然学科之中。比如，医学和生命科学的发展，为人类健康谋福祉，减轻病患痛苦，提高生活质量，这其中就体现了人文精神；信息化、自动化及近年来人工智能的发展，极大地减轻了人类繁重的体力劳动，这其中体现了人文精神；环境保护与治理、食品质量与安全、公共卫生的发展，为人类的生存与健康提供保障，这其中也体现了人文精神。因此，从微生物学课程中挖掘科学精神与人文精神这类思政资源是可行的，也是十分必要的。

三、微生物学中“课程思政”资源

（一）“课程思政”资源挖掘

微生物学课程内容与人文社科类相比差异显著，微生物学关注科学技术前沿进展，总结已取得的科学技术知识，其中涉及思政教育的内容相对较少，而且又隐藏在专业知识背后，这就增加了思政资源挖掘的难度。近两年来，有关“课程思政”的文献较多集中在讨论如何挖掘蕴含在微生物学学科中的思政元素，这也从一个侧面说明了思政资源挖掘存在相当难度。值得注意的是，微生物学类课程的思政元素较难挖掘，并非因为资源有限，而是因为隐蔽性和多义性。先说隐蔽性，比如，微生物学中立克次氏体这一名词背后便隐藏着一段有关思政的故事：美国医生首次发现一种斑疹伤寒的病原体并在研究过程中不幸感染被它夺去生命，后人为了纪念便以其名命名这一类病原体。这一知识点并非学科重点，因此这一段蕴含着为科学献身的思政资源更加容易被忽视。再说多义性，纵观微生物学全课程可以挖掘作为思政资源的素材，其中一部分内涵指向是明确的，而另一部分则具有一定的不确定性。

（二）“课程思政”元素融入技术

将挖掘得到的思政元素恰如其分地融入专业课教学之中，即所谓融入技术。在尝试“课程思政”教学改革之初，任课教师通常会有“思政教育”与“知识传授”割裂的不适感，甚至有“画虎不成反类犬”的感受，教学效果也适得其反，这归咎于融入技术不足。融入思政元素没有固定的方法，这也正是教师发挥创造力的地方，但无论采用何种融入方法，都应当遵循“润物细无声”的原则。举一例说明如何将思政元素融入专业课，《微生物学》绪论关于“微生物学奠基人”这一知识点，在讲解巴斯德和科赫两位科学家的贡献之后，可以采取“插曲式”介绍，路易斯·巴斯德（Louis Pasteur)在普法战争背景下退还德国波恩大学授予的荣誉博士学位之事，并由此引出巴斯德名言：“科学没有国界，但科学家有自己的祖国”，于是一股强烈的爱国情怀油然而生。

（三）“课程思政”资源的挖掘路径

微生物学及其他自然科学类课程蕴藏着丰富的思政资源，如何挖掘或者说从哪些方面进行挖掘，是一线教师实施“课程思政”最为关心的问题之一。在此归纳了三条主要的路径。

1. 科学精神

科学精神是微生物学课程最为独特的属性之一，因此也是这类“课程思政”资源挖掘最重要的方向。科学精神的内涵较广，包括批判精神、创造精神、实践精神、奉献精神等范畴。举例来说，作为学科发展史上里程碑式的经典实验必定蕴含科学精神内涵的某些方面，学科体系中的重要原理和假说也是如此，这些思政资源不仅可以在“绪论”关于学科发展历程的介绍中找到，稍作深入还可以在整个学科知识点各个环节挖掘到。

2. 人文精神

人文精神是人类的自我关怀，表现为对人的尊严、价值、生命的维护、追求和关切。在体现人文精神方面，自然科学具有人文社科不能替代的优势。一个在文献中被反复提及的典型案例是：“人体解剖”不仅是给学生传授解剖技能，更要注重学生对生命意义的思考和对医生职责的自省，这便是自然科学类专业课中蕴含的人文精神。微生物学科也不乏展现人文精神的素材。

3. 社会主义核心价值观与文化自信

相比于科学精神与人文精神，社会主义核心价值观具有明确的社会制度和意识形态属性，文化自信是对中国特色社会主义先进性的自信，是要激发对中华优秀文化传统的历史自豪感，是在全社会形成对社会主义核心价值观的普遍共识和坚定信念。我们在教学实践中摸索出，核心价值观中的爱国、敬业、法制、诚信及文化自信等几个方面相对容易挖掘思政资源，以下举例说明：①爱国，或者说是家国情怀，是对自己祖国的深厚感情，是对自己故土家园、民族和文化的归属感、认同感、尊严感与荣誉感。“科学是无国界的，而科学家有自己的祖国”顺着这条思路来解读，为某一学科发展做出突出贡献的本国科学家，是不难发掘其中蕴含的家国情怀的。前文所举巴斯德在普法战争背景下退还德国波恩大学授予的荣誉博士学位，是属此例；汤飞凡先生曾接到英美几所大学聘请，而最终选择留在中国投身于祖国建设事业，也属此例。②敬业，即是忠于职守、尽职尽责，追求崇高的职业理想。在讲授“病毒”章节时可以列举新型冠状病毒的例子，无数的医护、科研及其他各行各业的工作者勇敢地坚守在抗疫第一线，在平凡的岗位做出不平凡的事；李文亮医生不幸被感染，在重症监护病房接受治疗期间依然表示：“康复以后我还是要上一线的，现在疫情还在扩散，不想当逃兵。”这其中体现的便是崇高的敬业精神。③文化自信。顺着中华优秀文化传统的历史自豪感这一指引，是很容易在微生物学科挖掘到文化自信的资源。

（四）微生物学中“课程思政”资源

1. 科学思维

作为传统理学实验学科，微生物学崇尚“实践出真知”，对培养学生“求真务实”的品质责无旁贷。我们一直注重逻辑性、科学性思维的培养，不仅对学生掌握学科知识非常重要，对后续成长也同样重要。教学中注意挖掘展现思维的逻辑性和科学性的案例，引导分析探讨。传统观念认为科学思维的培养与思政教育关系不大，但实则不然。科学思维培养是重要的思政育人内容，当今国际环境、社会变化错综复杂，让学生具备坚持追求真理的信念和寻求真理的能力，对向来处于舆论战线争夺焦点的大学生而言非常重要。

2 思辨意识

辩证唯物主义认为，对立统一是物质世界运动、变化和发展的最根本规律。事物是一分为二的，我们需要全面、发展地看待事物。在微生物学教学中，我们注意依托案例，锻炼学生持以辩证唯物主义观点思考问题。在“真核微生物的形态、构造和功能”中，青霉菌、青霉素、抗生素等知识点是学生的兴趣所在。

1928年亚历山大·弗莱明发现青霉素之后，以其为代表的各种抗生素，在捍卫人类健康、消除疾病方面起到了不可磨灭的作用。但随着时间推移，抗生素滥用的负面新闻越来越多，耐药菌、抗药菌甚至“超级细菌”频繁出现，土壤、水体乃至空气中无处不在的抗生素微环境造成污染等，人类正在进入可怕的“后抗生素时代”。问题出在何处？这些问题尽管对初次接触微生物学的学生带来冲击，但同时也是培养辩证思维的极好案例：同一事物在不同历史时期和环境背景下，会展现出不同的面。不能简单武断地去判定其好坏，而要深入研究“好，为什么好”及“坏，为什么坏”。任何科学或技术都有从不成熟到成熟的发展过程，虽然科学的本质是进步的，但因为使用者的能力、环境的制约，科学在发展过程中可能会带来阶段性的不进步或负面效果，只有掌握事物发展变化的规律，才能更正确地认识科学，继而更好地运用科学。在教学中，我们尽力让学生体会辩证思维的重要性，全面认识事物，避免“盲人摸象”，以期望学生逐渐培养出严谨、全局化的思维模式，能够更全面地应对未来的各种挑战。

3. 人文素养

科学发展离不开人的努力，科学家的学术成果值得传承，精神内涵更值得学习与倡导。我们通过研讨学科发展史中的名家事迹，传播正能量，能帮助学生塑造坚定忠诚的爱国精神、积极向上的人文情怀和高尚健全的学术道德。在“绪论”章节中，现代微生物学的奠基人——法国科学家路易斯·巴斯德是必然被提及的。在他的推动下，人类对微生物的认知从形态层面扩展到生理代谢途径层面，工业微生物学、医学微生物学逐渐成形，微生物生理学从此被开创建立。在《影响人类历史进程的100名人排行榜（2014修订版）》中，路易斯·巴斯德名列第11位，在人类历史上影响巨大。然而巴斯德的伟大不仅在于学术建树，还包括他对祖国的深情。在别人劝说他离开战争中的法国时，他回复道：“如果我远离危难中的祖国，那么我相信是在犯罪。”在法国被德国侵占之后，巴斯德毅然退还了德国大学颁发的名誉学位证书，以此表达对自己国家的深厚感情和对侵略者的极大愤慨。纵观我国的科学发展史，从钱学森、郭永怀，到南仁东、黄大年，无数科学家都用行动诠释了科学家对祖国的热爱。在教学中，我们传递的不是狭隘民族思想，而是前辈先贤所展示的家国情怀——学术研究中提倡合作共赢，但每个人都有自己的国家，有属于自己的民族认同感和责任感。国家发展需要无数人的努力付出。在合适的时候，能把所学所知回馈祖国，是一名科学工作者的莫大荣耀。

在微生物学的发展史中，我国学者作出重要贡献，最著名的是“衣原体之父”——汤飞凡先生。我们引领学生从多方面去认识汤先生：第一，敢于质疑，挑战权威。汤飞凡以自己的研究发现为起点，推翻了当时著名学者（日本细菌学家野口英世）关于沙眼病原体的定论，推动了人类对于“细菌和病毒之间还有其他微生物”观点的认知。而他之所以敢质疑、能质疑，都源于对学术的严谨设计、对实验结果的坚定信心。第二，遵循科学规律，不急功近利。取得阶段性成果之后，他不急于追求发表文章，而是稳扎稳打继续开展验证实验，终于严谨证明了学术成果的科学性和可靠性。当然，还有广为人知的“为科学献身”精神——在研究过程中，他迎难而上，以身作则，在动物实验成功之后亲自用自己的眼睛做人体实验，最终证明了沙眼病原体的致病性，解决了困扰人类数十年的问题。大胆质疑、小心求证、敢于献身，这些优秀品质带给学生诸多鼓舞和鞭策，对学生严谨科学观、学术道德观、宏大人生观等的建立大有裨益。在教师引导下，有的学生也开始深入思考，曾提出疑问：汤先生用自己眼睛做实验，算不算盲目犯险？是不是违反了科学伦理道德？我们非常鼓励这种“刨根问底”的精神，这也是“课程思政”的重要部分——培养孜孜不倦的求知精神。因此，教师应采取多种灵活方式，如辩论、讨论等方式，鼓励深入探讨来寻求解答。学生通过查阅资料、思想碰撞，往往能得到更加深刻的理解和感悟。

4. 伦理道德

教学的主旨在于教书育人，科研的主旨在于推动科学发展，其根本都是要为社会发展、人类进步“添砖加瓦”。因此，不能培养只在“象牙塔”里专注眼前一亩三分地的“才”，而需要首先培养出有大局观、道德观、伦理观的“人”，继而才能培养出有分析能力、判断能力和明辨是非能力的人才。科学是把“双刃剑”，剑的用途、用剑后果是善是恶，取决于拿剑的人。使用得当，斩恶除害；使用不当，害人害己。作为教学的主导者，教师要时刻牢记使命，将学生培养成“善良的执剑人”——掌握的知识越多、身处的科学领域越前沿，就越能发挥好科学的正面价值，去保护捍卫，而非破坏摧毁。

微生物学与人的生活结合紧密，从食品、药物到医疗器械，学生专业从制药工程的药物生产到药物分析；从食品生产到食品微生物学检测；从医疗器械经营到使用。特别是结合长春生物长生疫苗、武汉生物的百白破疫苗，江苏常州延伸生物科技有限公司的疫苗案件，教育学生不能唯利是图，置道德和良心而不顾、危害社会，培养学生走上工作岗位，决不生产制造假产品，不做假报告，不能随意更改设备参数和生产工艺，一定要有崇高的职业道德、良好的职业素养和极强的责任心。

四、微生物学“课程思政”教学实践

（一）准备阶段

在立足“微生物学”课程本身特色的基础上，明确“课程思政”的教育目标，并将其纳入教学大纲,作为考核学生学习成绩和教师教学效果的重要指标。结合“微生物学”的课程特点，制订课程德育培养目标是通过讲授微生物学基础理论和基本技术的发现过程，使学生热爱科学研究，具备吃苦耐劳的科研精神及学术规范意识。结合微生物在各领域中的实际应用和最新的社会热点问题，使学生深刻意识到环境污染、食品安全及抗生素滥用等问题的危害，增强学生职业道德及社会责任感。思想政治教育不能单纯生硬地添加到教学过程中，而是要根据学科挖掘并积累“思政元素”，结合课程知识点找准融入点，精心设计教学过程，以灵活自然的教学方式展开“课程思政”教育。微生物学是一门与生活联系紧密的前沿学科，实时关注该领域的最新研究动态和具有代表性的典型案例。例如，2018 年的疫苗事件，并不是因为专业知识的缺乏导致的产品质量问题，而是由于企业管理人员和生产人员的道德意识及生产规范方面的问题，引起的全国范围的食品药品信任危机。这些贴近生活的典型案例更能够激发学生情感，产生共鸣，让学生意识到正确的意识形态同扎实的专业知识是同等重要的。在教学过程中，可以通过这些典型案例融入“思政元素”，不但能够开展专业课思想政治教育，还能加深学生对专业知识的理解。

（二）实践阶段

合理、有序的教学过程是保证“课程思政”效果呈现的关键所在，如何自然顺畅地将典型案例融入专业课知识点，是任课教师课前需要仔细思考的问题。现代课程教学方式和手段多种多样，灵活运用这些方式和手段，可以很好地避免思想政治教育和专业知识生硬结合。新媒体已然成为当代大学生获取信息的主要途径，根据调查，学生使用微信和微博的频率是最高的。因此，可以通过建立微信订阅号，开通课程微博的方式，既可以在课前借助新媒体进行典型案例的渗透，有利于课上典型案例融入课程知识点中，也可以在课后持续系统地向学生输送与课程相关的思政内容，利用大学生喜欢并且容易接受的方式来进行教育引导。在教学方式上，反面案例更容易触动学生的情感，例如对于食品专业的学生而言，可以先借助信息化手段展示 2016 年诺如病毒感染事件的新闻报道，消费者食用被微生物污染的食品后造成的严重后果使学生融情于景，然后授课教师再通过正面讲授，引起学生的深入反思，从而培养学生的职业道德和社会责任感。

五、“课程思政”的教学反思

（一）文本化

所谓“文本化”，即是将“课程思政”的具体实施方案写进教学设计，形成完备的文本，而不是在教材课本上笔录旁批，更不是以笼统概念形式存在的腹稿。将“课程思政”的内容“文本化”有以下几个优点。

1. 文本的设计是在课前进行

教师有充足的时间发掘和取舍与课程有关的思政元素，还可以进一步查阅文献资料拓展思政元素的内涵和深度。如果在课堂上即兴发挥，思政元素的选择很可能有失精当，思想的挖掘可能不够深入，更严重的情况是可能因为缺少斟酌而发表某些不恰当的言论，导致有失政治原则和师德规范。

2. 文本化有利于合理分配教学时间

思政的引入必然会占据一定量的教学时间，这就要求在教学设计中为思政内容分配恰当的时间。否则极易出现两种情况，或者思政教学缺少时间，或者专业课教学难以完成。关于时间分配，可能无须从一节课教学设计中为“课程思政”挤出时间，而是要放眼一个章节乃至全课程教学内容，整体规划、整体取舍、整体调整，以至趋于合理。

3. 以教学设计的思路进行“课程思政”的教学

可以借助教学设计的诸多方法，将思政元素恰当地融入课程之中。避免突兀的呈现。

（二）个性化

个性化，是指“课程思政”的教育方式应该体现教师的个性化教学风格及个人的体验与思考。思政教育并没有一个统一的程式，也不应该有一个所谓的标准化程式。在教师职业化、专业化的今天，教学模式趋同化是其必然结果，但这并没有削弱教育界对于教学个性化的重视程度。有研究表明，教师的魅力在课堂教学吸引学生的诸多因素中列居首位，而教师个性与魅力与又是紧密相连的。“课程思政”的融入，最理想的境界应该是以个性化风格来呈现，以个人体验和思考来引发，以个人魅力来影响，由此可以极大地提高教学吸引力和接受度。反之，程式化的思政教育必然有失自然，甚至矫揉造作、适得其反。

（三）碎片化

所谓碎片化，即是将思政教育化整为零分散在课堂教学之中。“课程思政”，应该是课程蓝图上的星星点点，应该是课堂上看似随意实则用心的“点到为止”。然而，在当前“课程思政”改革领域，就相关教学竞赛来说，教学设计和评判指标往往存在过度彰显思政元素的倾向，不仅篇幅过大，而且有失“隐性思政”原则，若以此付诸课堂教学，势必影响专业课的正常教学进度，并可能造成学生反感。值得一提的是，在提倡碎片化的同时还要注意避免思想庞杂、无一主线的倾向，纵观全课程应该做到“形散神不散”。

第四节　健康中国，立德树人——以药理学“课程思政”教学为例

一、药理学课程的特点

药理学是研究药物和机体相互关系及规律的学科，是基础医学与临床医学、医学与药学之间的桥梁课程。药理学是专业基础课，对于药学专业学生来说又是专业课。药理学涉及的内容广泛，教学主要目的是教会学生合理、有效地使用药物。这是一门实验性课程，所有的知识架构来自科学实验，具有客观性和普遍性。药理学的任务是解决药物的安全性和有效性，为新药开发提供理论依据，为临床安全用药提供指导。药理学是高校药品质量与安全专业的专业基础课程，它为接下来的专业课程提供知识储备和理论基础，将“课程思政”融入专业课程，具有良好的价值导向作用，在传授知识中提高学生的专业认同感，培养学生的职业素养，也为药学专业学生养成现代医药高素质人才的职业道德、专业价值观奠定了基础，是药学专业学生职业素养养成的重要环节。

二、药理学“课程思政”教学的必要性

传统的高校教育中，思想政治教育主要靠公共课，学习马列主义，形式与政策等专门的思政课专业课和思想教育课是严重分离的，学生学习思想政治教育只是死记硬背知识点，没有做到专业和思想教育的统一，更没有做到教育的内化，没有达到教育的目的。任何课程的教育目标都是“立德树人”，药理学“课程思政”建设势在必行。为更好地发挥药理学课程的育人效果，基于医学类课程特点，可以在药理学课程教学中渗透爱国主义、理想信念、道德、科学探索、爱岗敬业，职业道德教育等思想政治教育元素，实现“知识传授”与“价值引领”同行并重，培养德才兼备、全面发展的医学人才。

三、药理学“课程思政”教学目标

在“课程思政”理念指导下，着眼于学校人才培养目标和制药工程专业人才培养方案，制订“药理学课程思政”的教学大纲和教学的总目标，有利于指导“课程思政”教学方案设计和具体实施。课题组秉持“价值引领、知识传授、能力培养”三位一体的教育教学思想，将“药理学”教学目标确定为：掌握基础的药学知识，培养学生正确认识药物作用过程的本质，并通过学习初步形成对医药文化、职业价值的认同感，明确多学科交叉融合的科学素养、创新意识及科学家精神对药物研发和生产的促进作用。明确加强政府监管，推动药企建立可追溯的诚信系统并积极严格履行社会责任，是我国医药产业由大国向强国的转变的保障。基本实现“药理学”课程由以往注重基本知识和基本技能的传授，转为不仅要强调基本原理和基本技能，更注重培养学生的爱国情怀、科学素养，对医药文化、对职业价值的认同感和对制药人责任意识的审视。

四、药理学“课程思政”元素

（一）爱国主义情怀

爱国主义是中华民族精神的核心要义，以“课程思政”为载体，可将爱国主义情怀有效地植入专业课程教学过程中。在“药理学”课程各章节导入环节，专业课教师不仅要为学生介绍各章节教学内容、学习目标、教学重点、难点，也要介绍本章节内容中的德育目标。在此基础上，以德育元素为线索，将爱国主义情怀融入各章节教学内容中，高效实施“课程思政”教学方法。比如，在介绍药理

学发展简史时，应从中药学发展史导入课程内容，凸显祖国医学对药理学发展的重要推动作用，向学生讲授我国是世界上最早发现中药和运用中药进行疾病防治的国家，有的放矢地对学生进行中医药文化教育，增强学生的民族自豪感和文化自信。

（二）社会责任意识

在讲授药效学和药动学相关章节知识的同时，可以结合案例分析教学方法，阐述合理用药的重要性，使学生了解临床用药剂量过大或时间过长对患者造成身体伤害的原因，以及假药、劣药对人的影响，而由此关联到用药安全和药事管理与法规方面的德育教育内容。此外，通过对社会热点案例的讨论，如“长生药业假疫苗案件”“药品虚假宣传和药品非法添加案例”等，可进一步增强学生的法治观念，帮助学生增强药品生产研发及用药安全等社会责任意识。

（三）科学研究素养

在专业课的学习过程中，注重培育学生科学研究素养，可使学生了解药理学学科及专业发展趋势、新理念和最新进展。在“药理学”课程中涉及学术前沿内容时，应使学生结合中药的研究和临床应用成果进行讲解，尤其在2003年SARS病毒肆虐和2019年底新型冠状病毒引发肺炎的疫情防控过程中，中药以其药效成分复杂、毒性低、作用温和等特点，在疾病防控中的优势尤为凸显。此外，由我国科学家屠呦呦教授获得诺贝尔奖，在青蒿素的提取和应用中取得了重大突破。在此基础上，任课教师可以与党的十九大提出的“一带一路”倡议相结合，激发学生中西药并举研究的科研思维，一方面，提升学生对我国中医药文化及资源的认识；另一方面，激发学生对新型生化药物研发的探索热情。

五、药理学融“课程思政”案例教学设计思路

药理学是基础医学与临床医学、医学与药学的桥梁性学科。药物是药理学课程的基本单元，预防、诊断和治疗疾病是药物的基本功能。据此，以“疾病”和“药物”作为知识与思政融合案例的契合点，形成三条思政线，使“课程思政”育人系统化。通过多条教学路径及评价体系保证育人质量（图6-4-1）。以“药物”和“疾病”为融合点，构建动态教学案例库，案例类型由单一的临床案例扩展为包括经典药物研发史、热点事件及国家大政方针相关案例等。

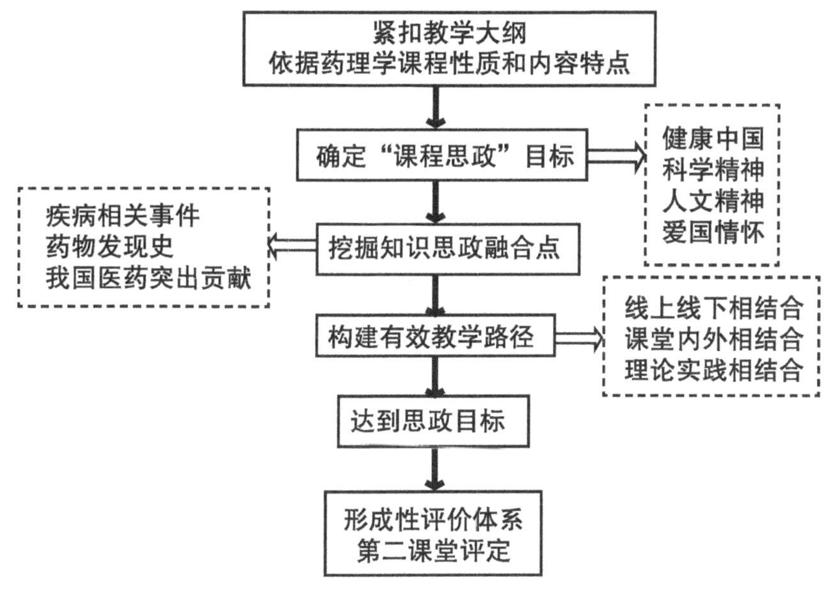

图 6-4-1 药理学“课程思政”教学设计思路

（一）以“疾病”为契合点的案例

选取常见病、多发病为关键点设计案例。围绕国际性的疾病节日，如世界高血压日、世界帕金森病日、世界艾滋病宣传日等设计案例，通过案例中的疾病元素，不仅让学生成为健康文明生活方式的倡导者和健康知识的传播者，而且培养学生关爱特殊人群如艾滋病人和阿尔兹海默病人等的人文情怀，筑梦“健康中国”。

从“疾病”案例中挖掘中国故事，增强民族自豪感和爱国热情。如学习链霉素、抗寄生虫药和抗病毒药时，介绍中华人民共和国成立以来，消灭血吸虫病及抗击新冠肺炎疫情的案例，无不体现出生命至上、人民至上的国家理念和中华民族的优秀传统——尊重科学规律、全民攻坚克难。

（二）以“药物”为契合点的案例

选取药物相关热点事件或明星药物发现史等为案例素材。明星药物如获诺贝尔奖的青霉素、链霉素、磺胺类药物、青蒿素、普萘洛尔，以及阿司匹林的发现史案例，让学生在大师的故事中重温科学经典，汲取创新精神、科学思维及协同精神等。祖国医学和我国医药科研工作者在医药研究方面作出杰出贡献，通过“药物”案例设计，讲好“中国故事”，增强学生的家国情怀。

六、后疫情时代药理学“课程思政”反思

（一）疫情过后的专业思想教育

2020 年新型冠状病毒席卷中国大地，无数医务工作者奔赴武汉，为了抢救危重患者的生命，不怕牺牲、冒着传染的危险，毅然做一个最美“逆行者”。当代大学生亲身经历了这场浩劫，感同身受地体会了医务工作者的使命与担当。大学生日后就是社会需要的新的医务工作者，疫情当前，应该如何做到家国情怀？大学生如果明白了专业知识可以救死扶伤，甚至可以救国的时候，他们学习医学的专业思想就会更加坚定，学好专业课的使命感就会更加浓烈，希望大学生回归课堂时，更加明白学习的重要性，更加珍惜学习机会。希望我们培养的医学人才都是专业思想坚定，可以时刻为社会所用的后备队伍。

（二）疫情过后的生命教育

当今社会，一些青少年漠视生命、自杀的案例屡见不鲜，体现了人们在生命立场上的困境。大学生在校园中亵渎生命的现象也时有发生。疫情防控时期，每天新增的死亡数字背后，是一个个鲜活的生命应声栽倒，是无数个家庭因此陷入悲痛的阴霾。疫情防控期间，当面对传染性疾病，人们对生命的渴望，感动着所有人。生命教育重在对生命的认知和体验，普及敬畏生命、关爱健康、尊重医学规律的理念。当疫情防控进入新的阶段，作为有目的、有规划的学校教育应该如何进行生命教育？立足传统文化教育，联系到当下的疫情，医护人员在面对疫情时义无反顾支援抗疫前线，体现了我国传统道德观念中个人小义服从家国大义的内容[①]。杜成宪说，在对生命问题上做出决断时，传统的伦理责任意识可以形成束缚，让人们在面临生死选择问题时慎重考虑。我们应该让大学生明白死亡意味着什么，从而提高他们对生命的珍视。而在理论探索角度，生命教育的含义是什么？尤其对于医学生，以后要面临生死离别，如何做好心理准备，如何做好临终关怀，如何珍爱生命，更是列在所有道德教育的第一位，因为没有生命就没有一切。

---

① 央广网．敬畏生命关爱健康 疫情过后如何补上生命教育必修课 .2020.3.20

参考文献

[1] 康云 . 高校化学教育中思政教育的融入路径 [J]. 化工设计通讯，2021，47（⑨）：109-110.

[2] 庄岩，田长永 . 高职院校思想政治教育实践育人共同体建设路径探析 [J]. 现代农村科技，2021（10）：89-90.

[3] 陈静静 . 试论高职思想政治教育与职业素养教育的融合 [J]. 现代职业教育，2021（41）：110-111.

[4] 孟进，宋伟文，方敬佳 . 校企协同推进高职院校爱国主义教育的理路探析 [J]. 现代职业教育，2021（41）：142-143.

[5] 蒋超 ."三全育人" 视域下提升大学生思想政治教育获得感的路径探究 [J]. 品位·经典，2021（18）：100-102.

[6] 沈轩羽 . 情感教育对高校思想政治教育的影响分析 [J]. 佳木斯职业学院学报，2021，37（10）：15-16.

[7] 薛岚心 . 新时期大学生思想政治教育工作的挑战及路径研究 [J]. 佳木斯职业学院学报，2021，37（10）：23-24.

[8] 康云 . 高校化学教育中思政教育的融入路径 [J]. 化工设计通讯，2021，47（⑨）：109-110.

[9] 庄岩，田长永 . 高职院校思想政治教育实践育人共同体建设路径探析 [J]. 现代农村科技，2021（10）：89-90.

[10] 陈静静 . 试论高职思想政治教育与职业素养教育的融合 [J]. 现代职业教育，2021（41）：110-111.

[11] 孟进，宋伟文，方敬佳 . 校企协同推进高职院校爱国主义教育的理路探析 [J]. 现代职业教育，2021（41）：142-143.

[12] 彭飘飘 . 习近平人物纪念讲话的思想政治教育功能研究 [D]. 南昌：江西财经大学，2021.

[13] 邓阳 . 习近平关于思想政治教育重要论述的思想逻辑与实践路径研究 [D]. 南昌：江西财经大学，2021.

[14] 韩栋霞 . 马克思需要理论与大学生思想政治教育价值认同研究 [D]. 杭州：浙江大学，2021.

[15] 吕建楠 . 思想政治教育视域下大学生生态文明观教育研究 [D]. 沈阳：沈

阳师范大学，2021.

[16] 张福有 . 习近平关于思想政治教育方法的重要论述研究 [D]. 桂林：广西师范大学，2021.

[17] 苏红 . 新时期思想政治教育的文化功能研究 [D]. 沈阳：沈阳师范大学，2021.

[18] 戴佳慧 . 新时期大学生思想政治教育中存在的问题及对策研究 [J]. 现代商贸工业，2021，42（29）：112-113.

[19] 张园园 . 新时代大学生使命担当精神培育研究 [D] 太原：中北大学，2021.

[20] 雷长稳 . 思想政治教育叙事方法探析 [J]. 石家庄铁道大学学报（社会科学版），2021，15（03）：80-85.

[21] 袁梦婷 . 生命意义教育融注思想政治理论课：价值挖掘与实践理论 [J]. 牡丹江大学学报，2021，30（⑨）：119-124.

[22] 李建 . 高校思想政治教育亲和力研究 [D]. 成都：西南交通大学，2018.

[23] 路顺 . "四史" 教育融入高校思想政治工作的三重维度 [J]. 党史博采（下），2021（⑨）：63-64.

[24] 江山 . 全民抗 "疫" 下习近平爱国观与大学生家国情怀培育 [J]. 产业与科技论坛，2021，20（18）：82-84.

[25] 陶英瑜 . 高职思政课教学中积极心理学的应用 [J]. 产业与科技论坛，2021，20（18）：162-163.

[26] 王树荫 . 中国共产党百年思想政治教育基本经验 [J]. 企业文明，2021（⑨）：54-56.

[27] 宋星 . 工匠精神融入高职院校思想政治教育的意义及路径探析 [J]. 湖北开放职业学院学报，2021，34（17）：88-90.